Dr Jean-Michel Cohen

LA MÉTHODE COHEN

FIRST
ÉDITIONS

ISBN : 978-2-412-06440-5
Dépôt légal : mars 2021
Achevé d'imprimer en France par Normandie Roto Impression s.a.s. (2102208)

Maquette intérieure : Ma petite FaB – Laurent Grolleau
Suivi éditorial : Anne Bazaugour
Préparation des textes : Anne Bazaugour et Julie Mege
Correction : Stéphane Deschamps et Véronique Dussidour

Éditions First, un département d'Édi8
92, avenue de France
75013 Paris – France
Tél. : 01 44 16 09 00
Fax : 01 44 16 09 01
E-mail : firstinfo@efirst.com
Site internet : www.editionsfirst.fr

À mon épouse Myriam qui m'ouvre tous les ciels.
À mes enfants, un bonheur permanent,
qui nous donnent autant de joies.
À mes parents qui me manquent et à ma sœur.
À mes maîtres qui m'ont appris ce métier et enseigné la volonté
d'innover pour améliorer notre efficacité.
À tous mes patients et en particulier la communauté
Savoir Maigrir pour leur confiance et leur amitié.

SOMMAIRE

INTRODUCTION

Voilà déjà de nombreuses années que j'exerce mon métier de médecin nutritionniste, quasiment 40 ans. Au début, je l'ai pratiqué comme un étudiant modèle et respectueux. J'ai pris soin d'apprendre au contact des meilleurs, puis d'exercer fidèlement comme on me l'avait enseigné, tel un clone de l'Académie de médecine. Tout semblait simple de prime abord. Il suffisait de prescrire un régime à toute personne qui souhaitait maigrir, en piochant dans la gamme de régimes à notre disposition. Parfois, mais cela restait rare, on le refusait pour des raisons médicales (maladie évolutive, traitement trop lourd, insuffisance de poids à perdre…) ou psychologiques (maladie psychiatrique grave, dépression en cours de traitement…). Au fond, presque un travail de guichetier. C'était banal et routinier à tel point que quiconque aurait pu faire tout aussi bien, même sans être médecin. D'ailleurs, ce métier n'existait quasiment pas pour mes confrères de l'époque qui, au moment de l'interrogatoire alimentaire des malades hospitalisés, avaient souvent tendance à nous prendre pour le cuisinier. Pourtant j'avais observé assez vite qu'un des aspects les plus intéressants était la conversation que j'avais avec mes patients et l'incroyable variété des histoires, des comportements et des raisons de maigrir.

Pour vous mettre dans la confidence, au moment où j'avais eu à choisir ma spécialité de médecine, j'avais été le seul de ma promotion à opter pour le service de nutrition, d'ailleurs unique en son genre à l'époque. Une fois mon choix officiellement exprimé, j'avais rejoint mes amis du moment dans un café où nous avions l'habitude de nous réunir. À tour de rôle, chacun avait annoncé aux autres le service dans lequel il allait pratiquer. Quand ce fut mon tour, une expression de stupéfaction et d'incompréhension s'était manifestée sur le visage de chacun d'entre eux. Comment ? J'allais partir vers une spécialité que personne ne connaissait ni ne pratiquait et dans laquelle mon avenir serait particulièrement incertain ! Sur le moment, leur réaction m'avait terrorisé et j'avais enfourché rapidement ma moto pour aller demander à la secrétaire de modifier mon choix. Heureusement, plutôt bougonne, elle m'avait répondu que c'était trop tard, qu'elle avait envoyé les papiers à l'administration et que je n'avais qu'à attendre le prochain semestre. Voilà comment, sans l'intervention de cette secrétaire, mon avenir aurait pu se modifier et comment j'ai pu entrer dans mon premier service de nutrition où j'ai été très rapidement convaincu que telle était ma vocation et que j'exercerai mon métier avec passion.

J'avais des raisons intellectuelles de choisir ce service et de faire ce métier : j'étais particulièrement attiré par la physiologie – où j'obtenais d'ailleurs de très bons résultats –, la biochimie, les statistiques et la biophysique. Mais j'avais d'autres motivations beaucoup plus personnelles, que j'ai parfois évoqué dans les médias. Ma mère s'est régulièrement battue contre son poids en pratiquant, déjà à l'époque, les techniques les plus délirantes. Mon propre poids, régulièrement élevé dans l'enfance, m'a poursuivi jusqu'à aujourd'hui. Je n'avais pas besoin de fines connaissances génétiques pour saisir combien l'hérédité est un facteur important dans la prise et la perte de poids. J'ai pu comprendre l'impact des douleurs, des dépressions rentrées, des chocs affectifs, des déménagements au travers de la détresse de ma mère. Moi-même, avec mon propre surpoids, j'ai vécu combien il était difficile d'être gros dans cette société, combien de complexes cela m'avait donné jusqu'à ce que je fasse ma propre (r)évolution. C'est un peu comme si la destinée m'avait chargé de trouver des solutions pour ma mère, en priorité, et pour moi-même. En tout cas, tout ce que j'ai vécu dans ma jeunesse, parfois avec difficulté ou avec douleur quand j'avais de la peine pour ma mère, m'a permis de comprendre la souffrance des gros et la nécessité de trouver d'autres solutions que de donner un régime et s'occuper d'autre chose.

Tout récemment, à l'occasion d'une conférence que j'ai donnée pour de jeunes internes, je me suis surpris à leur professer que sans transgression en médecine, il n'y aurait jamais de découverte. Il fallait donc qu'ils soient audacieux, qu'ils n'aient pas peur d'inventer et d'imaginer des solutions originales en sortant parfois des sentiers battus. C'est ce que j'ai fait la plupart du temps dans ma carrière, pas forcément avec l'approbation de tous, mais avec un vrai résultat pour mes patients.

Mon évolution en nutrition s'est faite de plusieurs façons. Une fois sorti de l'hôpital où le carcan administratif était déjà réellement insupportable, j'ai choisi de travailler en libéral, c'est-à-dire, en quelque sorte, en solitaire. J'ai commencé tout bêtement en utilisant les techniques de l'hôpital, mais mon esprit se satisfaisait de moins en moins de cette pratique qui me semblait à la fois trop simple, fréquemment vouée à l'échec, et surtout totalement distante de la personne que j'avais en face de moi. J'ai donc écouté plus précisément chacune des histoires de vie de mes patients, ce qui me permettait de rentrer dans l'intimité des personnes, et d'être très proche d'eux et sensibilisé à leur parcours personnel.

À l'époque, nous avions déjà associé la psychologie à la nutrition. Pourtant, le réflexe du nutritionniste était alors de ne pas s'intéresser à la détresse du patient, et de la refiler comme une patate chaude à un psychiatre, un psychologue ou un psychothérapeute. En faisant cela, on se contentait de considérer qu'il y avait une dimension nutritionnelle et une dimension psychologique distinctes. C'était une vraie erreur de ne pas les rassembler. En réalité, les deux sont totalement imbriquées, nous le détaillerons plus tard.

Parallèlement, j'avais compris qu'il fallait installer une démarche positive dans la prescription d'un régime pour vaincre son plus grand ennemi : la frustration, et peut-être même la peur d'affronter cette frustration. Beaucoup de mes patients sont arrivés dans mon bureau pour me demander de les aider, tout en étant convaincus à l'avance que, de toute façon, ils n'y arriveraient jamais. Il suffisait que je sorte un régime « chocolat », que je prescrive des sushis, des pizzas ou toute autre fantaisie pour que l'œil porté sur ma prescription se modifie complètement. Pourtant, quoi de plus simple que de remplacer des protéines, des hydrates de carbone et des matières grasses par un sandwich au lieu d'un plat contenant des féculents, du poisson et un peu d'huile ? Je voulais montrer que les régimes ne sont pas une épreuve de frustration mais un exercice d'harmonie et de quantité. D'ailleurs, je ris de l'usage désormais généralisé de l'expression « rééquilibrage alimentaire » : ce n'est rien d'autre que les régimes modérés et équilibrés que nous prescrivons depuis longtemps et qui sont la réalité de la nutrition. Car un régime, c'est comme un vêtement, il ne doit être ni trop serré ni trop large et doit s'adapter à la personne.

Dans cette perspective, j'ai commencé à adopter une approche psychologique de la personne qui me consultait et à fabriquer des régimes plus originaux que de la simple salade accompagnée de poisson cuit à l'eau. J'ai ainsi élaboré des tas de modèles de régime, exprès pour frapper les esprits, parfois avec des pommes de terre, parfois avec du chocolat, avec cinq repas par jour, avec deux repas par jour. Certains d'entre eux ont fait le bonheur des journaux, que ce soit le régime tartines où je ne donnais au repas que du pain avec des assaisonnements et des accompagnements différents, ou même le fameux régime soupe qui s'est transformé en régime de la soupe aux choux malgré moi… C'était de la technique pure pour quelqu'un qui connaît la nutrition, probablement la part la plus facile de mon métier, mais que personne n'osait utiliser tellement les principes étaient figés et les esprits fermés.

Parallèlement à la prescription de ce type d'alimentation, je prenais le temps de comprendre à la fois les raisons de la volonté de perte de poids et celles qui avaient provoqué la prise de poids. Très souvent, c'est dans cet échange que nous trouvions la solution ou l'explication. La mise en lumière de ces événements permettait de modifier les comportements du patient et d'améliorer les résultats du régime. J'ai rapidement été convaincu que plus on accompagnait les gens dans l'amaigrissement, à la façon d'un coach, meilleur était le résultat. Cet accompagnement sert à la fois à réadapter en permanence le régime en fonction de l'évolution du poids, à jongler avec les aliments pour proposer des solutions qui correspondent à chaque situation, à suivre l'évolution psychologique de la personne, et à l'aider du mieux possible à contrôler les émotions, les soucis et les angoisses souvent si présents.

Grâce aux nouvelles technologies, plus besoin de s'embarrasser d'un amphithéâtre, d'un micro et d'un projecteur. J'ai pu améliorer ma pratique, et surtout enseigner à distance, facilitant l'accès de tout le monde à une meilleure connaissance de la nutrition, indispensable pour stabiliser son poids notamment.

Suivre un régime n'est pas un long fleuve tranquille. Arrêt de la perte de poids, incident personnel, fatigue, prise de médicaments, soucis, problèmes économiques sont autant d'événements qui peuvent survenir pendant la période où l'on modifie son alimentation. Pourtant, certains continuent à maintenir le même régime de son début à sa fin, sans jamais s'intéresser à cela, alors qu'il faudrait le moduler en fonction de chaque situation.

Tout cela, je le vis depuis des années. Malgré tous les efforts que je déploie, je n'arrive pas à freiner toutes les techniques miracles, les médicaments inutiles, les fausses rumeurs, qui se développent à une allure très rapide. Parce que la détresse est telle qu'il suffit d'un bon vendeur pour faire accepter ce que le sens commun refuserait immédiatement. Mais aussi parce qu'il n'est pas aussi facile que ce que l'on raconte de réussir une perte de poids. Il ne suffit pas de manger moins ou d'avoir de la volonté pour obtenir un résultat positif. Tout le monde est donc à l'affût de la solution miracle qui permettrait, sans beaucoup d'efforts, de changer de silhouette. En réalité, c'est un travail.

De façon provocante, nous avons appelé ce livre *La Méthode Cohen* pour sacrifier à un terme que tout le monde comprend. En réalité, je vais vous expliquer au fil de ces pages que cette méthode est en fait une stratégie qui doit être adaptée à la situation, aux événements et à la réalité de l'alimentation qui est une véritable source de plaisir pour chacun d'entre nous. Je vais en même temps essayer de vous faire comprendre les enjeux, les limites, et les meilleures façons de perdre du poids.

PARTIE 1

TOUT CE QU'IL FAUT SAVOIR AVANT DE COMMENCER À MAIGRIR

LA BEAUTÉ

Nombreuses et nombreux sont ceux qui vivent dans l'insatisfaction permanente afin d'obtenir une silhouette imaginaire. Combien de douleurs, d'efforts, de frustrations pour tenter d'atteindre ce qui n'est en réalité qu'une illusion ? Laissons-nous inspirer par la sagesse de ce texte sur la véritable beauté.

> *Celui qui veut s'y prendre comme il convient, doit, dès son jeune âge, commencer par rechercher les beaux corps. D'abord, s'il est bien dirigé, il doit n'en aimer qu'un seul, et là concevoir et enfanter de beaux discours. Ensuite il doit reconnaître que la beauté qui réside dans un corps est sœur de la beauté qui réside dans les autres. Et s'il est juste de rechercher ce qui est beau en général, notre homme serait bien peu sensé de ne point envisager la beauté de tous les corps comme une seule et même chose. Une fois pénétré de cette pensée, il doit faire profession d'aimer tous les beaux corps, et dépouiller toute passion exclusive, qu'il doit dédaigner et regarder comme une petitesse. Après cela, il doit considérer la beauté de l'âme comme bien plus relevée que celle du corps, de sorte qu'une âme belle, d'ailleurs accompagnée de peu d'agréments extérieurs, suffise pour attirer son amour et ses soins, et pour qu'il se plaise à y enfanter les discours qui sont le plus propres à rendre la jeunesse meilleure. Par là il sera amené à considérer le beau dans les actions des hommes et dans*

les lois, et à voir que la beauté morale est partout de la même nature ; alors il apprendra à regarder la beauté physique comme peu de chose.

Platon, *Le Banquet* (traduction de Victor Cousin)

Petite histoire de la silhouette

Reprenons l'évolution de la silhouette au travers des siècles passés pour essayer d'en tirer une leçon. Contrairement à une idée reçue, la minceur ou le surpoids ont coexisté tout au long de l'histoire. Le contexte économique a toujours été un critère important puisque plus le travail physique était conséquent, moins le risque de surpoids existait. Ce sont notre civilisation et notre société qui définissent régulièrement un modèle idéal.

À l'ère paléolithique, d'après les rares images qui existent, la femme est plutôt petite avec des jambes courtes et des formes très généreuses. On parlerait aujourd'hui d'un véritable surpoids.

Au néolithique, la féminité est symbolisée par des formes démesurées qui incarnent le désir sexuel, mais également la maternité. Même si l'on n'est pas complètement sûr de la réalité de l'obésité de ces femmes à cette période, la nécessité d'être grosse perdurera dans de nombreuses sociétés, comme en Amazonie où la beauté se caractérise par une forte corpulence, au Japon où les sumos sont rois, ou en Afrique noire où l'on pratique le *guru walla* (cette tradition consiste à enfermer un jeune adulte de sexe masculin pour lui faire consommer une alimentation trois fois supérieure à ce qu'il mange d'habitude ; plus il prend de poids, plus il est encensé). Toutefois, l'idéal de beauté n'est pas figé et l'on trouve à la même période des représentations de femmes beaucoup plus minces.

C'est plus tard, avec les Grecs, qu'apparaissent des silhouettes construites avec des lois géométriques. La civilisation hellénique, obsédée par les chiffres, veut absolument les utiliser dans tous les cas de figure, y compris le modèle corporel. La Vénus de Milo possède une généreuse poitrine et des hanches développées. Elle n'est pas obèse mais plantureuse. D'ailleurs, dans les textes grecs de l'époque, l'obésité est tournée en dérision.

Au Moyen Âge, le corps féminin possède un ventre long, des seins petits et des hanches généreuses, comme si la maternité était redevenue le critère principal de l'idéal féminin.

À la Renaissance, le modèle grec revient en force. Si les formes sont généreuses, la silhouette reste élancée. C'est une période où il est possible d'être aussi bien gros que mince, les deux représentations coexistant. On célèbre, cependant, les femmes plantureuses (Ronsard parle de la « gorge grassette » de sa maîtresse).

Cette tendance à la célébration de ces deux critères de beauté se modifie au début de la Révolution française. L'élégance se symbolise désormais par la minceur avec, au besoin, des restrictions alimentaires. Rousseau, quant à lui, exprime son désir de femmes plus rondes, mais avec une alimentation correcte et surtout des exercices physiques pour faciliter la maternité et améliorer la santé.

Le XIXe siècle est marqué économiquement par la fracture entre les pauvres et les riches. La richesse est associée au surpoids, la minceur à la pauvreté. L'idéal féminin est incarné par une femme de type sablier, taille étroite, bassin large, seins opulents. La méthode du corset connaît son apogée.

C'est au XXe siècle que débute l'idéal de la maigreur, qui incarne la sensibilité. Dans les cercles littéraires, on commence à jeûner pour maigrir. La femme devient sportive, active, plus mince que la « bourgeoise », image délétère d'une femme inactive, soumise totalement à l'autorité et qui ne pense qu'à manger. Le féminisme s'associe à la minceur. La dévalorisation du « gros » est entamée ! Le modèle de la « garçonne », avec des formes très masculines, devient le champion de l'idéal de beauté. Après la femme sablier, voilà la femme tube !

Les formes féminines reviennent à la mode grâce aux vedettes du cinéma hollywoodien : Marilyn Monroe en est l'incarnation parfaite. Cela dure quelques années, mais tout change encore une fois.

Dans les années 1970, les reines de beauté sont de plus en plus maigres. Les mannequins deviennent les modèles de la représentation féminine, avec un corps quasiment impossible à atteindre pour la quasi-totalité de la population. Moulés dans leurs jeans, les corps des garçons et ceux des filles se confondent parfois dans les publicités. Ce modèle sera largement contesté par les campagnes contre l'anorexie, mais également par une part de la société qui a du mal à accepter l'égalité des sexes, qui se manifeste au travers de cette image et qui casse le concept de la différence homme-femme. La résistance dure peu car apparaît un modèle nouveau.

Aujourd'hui, la femme n'est plus seulement mince. Elle se doit d'être sportive, musclée et subit la pression incessante d'une volonté qui est en réalité celle de la collectivité. La pseudo-détermination de lutte contre l'obésité des pouvoirs publics, la prolifération des salles de sport, la promotion de la santé, le désir de la jeunesse éternelle vont probablement installer pour le moment cette image. L'évolution vers l'égalité des sexes fera émerger un modèle de femme, qui, tout en étant féminine, sera plus proche de la silhouette de l'homme.

L'idéal corporel

Il se construit principalement de deux façons. D'un côté, le contexte économique provoque parfois l'obligation de manger et de manger le plus possible en cas de restrictions alimentaires, pour prévenir la famine. De l'autre, la représentation du corps est définie par les artistes – qu'ils soient sculpteurs, dessinateurs, peintres ou, plus encore aujourd'hui, cinéastes, photographes – et désormais par les réseaux sociaux.

Ceux qu'on appelle les « influenceurs » sont en train de dessiner le corps idéal d'aujourd'hui. Photographes d'un corps imaginaire, ils ont de surcroît la possibilité, à la façon du peintre, de modifier leur silhouette grâce aux logiciels de correction photographique. Plus grande sera la notoriété ou la force de cet influenceur, plus vite il imposera lui-même ce modèle de beauté. Schopenhauer disait que la vie est un pendule qui évolue de l'insatisfaction à l'ennui. On se demande si l'influenceur n'est pas dans le monde de l'ennui et son suiveur dans celui de l'insatisfaction.

Face à ce mécanisme se développe un modèle de contestation. Un mot apparaît, la « grossophobie » (nous y reviendrons dans le chapitre consacré au poids). Parallèlement à la volonté de lutter contre cette forme de discrimination à l'égard de l'obèse ou du gros, on tente également de mettre en valeur une femme aux formes plus développées, pas complètement obèse, mais en vrai surpoids, avec une silhouette qui se rapproche de celle de la Renaissance. Ce n'est pas nouveau, puisqu'il y a quelques années, un mannequin obèse s'affichait dans des publicités sur les murs de Paris. L'effet fut notoire et tout le monde en a parlé, mais un an plus tard, tout était oublié. Il faut dire que l'obésité reste encore pour le moment minoritaire dans notre pays, et que les groupes militants n'ont pas assez de visibilité pour pouvoir obtenir un résultat face à la pression générale.

Une certaine forme d'hypocrisie règne au sein des marques et des publicitaires qui font la promotion des femmes rondes ou obèses, soi-disant pour protéger la femme du diktat de la minceur, mais surtout pour s'offrir une image de lutte contre la discrimination. De la même façon, certains journaux mettent en couverture une femme grosse ou ronde mais ne le font qu'une seule fois, pour le fameux buzz ! Il est difficile de changer la société et la volonté de minceur ou de maigreur, en tout cas à notre époque, puisque c'est un vœu collectif.

Miroir, mon beau miroir

Le miroir a toujours été un symbole important. Le téléphone portable remplit désormais ce rôle. Il est notre miroir, mais il est également maintenant l'image offerte en miroir à tous ceux qui la regardent. Il fixe pour chacun d'entre nous nos désirs, incarnant à la fois ce que nous sommes et ce que nous voudrions être. Ces photos envoient à l'autre ce qu'il devrait être et ce qu'il n'est pas. Ce décalage crée la frustration et amplifie le désir de se contraindre à vouloir un corps parfois impossible à atteindre, au prix de n'importe quelle privation.

Pourtant quand on relit le texte du *Banquet* de Platon, on voit combien la beauté est un critère subjectif qui ne concerne pas seulement le corps, et peut-être encore moins le corps que le reste. Mais cette approche essentiellement philosophique se trouve confrontée à la puissance de l'extérieur. Autrefois plus modeste, cette imprégnation est devenue désormais très violente du fait du règne de l'image. Avant, une publicité était offerte à tous les regards, dans un environnement ouvert. Aujourd'hui, elle est personnalisée : chacun regarde la sienne sur son écran, dans son intimité, vivant en solitaire la douleur de n'être pas le modèle que l'on regarde.

Dans un tel contexte, toutes les tentatives de remettre en valeur les formes auront du mal à triompher, malgré les vœux pieux les plus sages. Je le vois au quotidien. J'ai toujours soutenu l'idée que le poids idéal était celui où l'on se trouve soi-même beau et heureux. Si je recueille en général l'approbation de mes patients dans l'intimité du bureau, une fois confrontée à l'extérieur, ma parole perd de sa force et le désir de maigrir à tout prix revient au grand galop. Notre propre image a tendance à se construire sur l'image des autres, ce qui explique d'ailleurs la déraison dans la pratique des régimes car seul le résultat compte.

MANGER, COMMENT ÇA MARCHE ?

Manger est un acte essentiel de notre vie. De notre naissance jusqu'à notre mort, nous le répétons au minimum trois fois par jour. Sans lui, notre survie est menacée, mais ce n'est pas son seul rôle : il nous procure également beaucoup de plaisir et participe à notre socialisation. C'est un geste presque automatique qu'il faut questionner puisque dans la prescription d'un régime, on s'interroge à la fois sur le « manger trop », le « manger pas assez », le « manger plaisir » ou le « manger non plaisir ».

Nous sommes souvent confrontés aux troubles du comportement alimentaire qui sont finalement des troubles de l'acte de manger. Il faut bien en identifier la raison pour les résoudre. Dans le cadre de la prescription d'une alimentation contrôlée notamment, il est important de comprendre comment ce système fonctionne.

Auparavant, levons la confusion, extrêmement fréquente, entre faim, satiété, rassasiement et appétit.

La faim

Cet état pousse tous les êtres vivants à rechercher de la nourriture et débuter ainsi un repas. Dans une des rares études sur le sujet, la faim est dépeinte comme une sensation, difficile à décrire avec précision, localisée à l'estomac, associée à un peu de nervosité et de faiblesse. Les sujets étudiés mentionnent aussi des sensations particulières, à connotation désagréable, au niveau de la bouche. Dès le démarrage du repas, ces sensations se modifient pour devenir agréables. La notion d'estomac qui gargouille, contrairement à une idée reçue, ne correspond pas à un état de faim. La faim sert à alerter notre corps qu'il a besoin d'énergie pour compenser les pertes que la vie quotidienne entraîne. Mais alors, quels sont les mécanismes chimiques susceptibles de déclencher cette sensation ?

Deux théories ont été évoquées : la première suppose une baisse du taux de sucre dans le sang, la seconde une diminution du taux de graisses. Après de nombreux débats, c'est finalement la plus ancienne des théories, celle du sucre, qui l'emporte. La diminution de la disposition de sucre au profit des cellules serait le véritable signal de la faim. Le cerveau interviendrait en première ligne pour alerter le corps en cas de baisse de la disponibilité de ces nutriments.

En pratique, lors de l'élaboration d'un régime, il faudra s'assurer d'une quantité suffisante d'aliments pour répondre au besoin de sucre. Cela ne signifie pas qu'il faut manger des « sucres rapides » mais que la ration alimentaire doit offrir à notre corps de quoi produire suffisamment de sucre pour éviter de déclencher trop rapidement la sensation de faim. Voilà qui explique une première stratégie pour composer cette alimentation. Le rythme alimentaire, la composition de chaque repas, l'équilibre entre les différents nutriments est une nécessité absolue. C'est ce que j'ai appliqué dans la quasi-totalité des régimes que j'ai proposés depuis de longues années.

La satiété

Exact inverse de la faim, c'est la période entre les repas sans aucune motivation pour la prise alimentaire. En pratique, on pourrait quasiment considérer que lorsque nous avons restauré le niveau d'énergie, la satiété apparaît. Pourtant il nous arrive de manger alors que notre organisme n'a plus de besoins. Ce sont d'autres facteurs qui interviennent, que nous décrirons plus loin.

Le rassasiement

Il apparaît avant la satiété, c'est-à-dire avant que notre corps soit prévenu qu'il n'a plus besoin de nourriture pour compenser ses pertes. Il est en corrélation avec plusieurs facteurs que sont l'apprentissage alimentaire et les aspects sensoriels (le goût et l'odeur principalement). Mais satiété et rassasiement fonctionnent ensemble comme l'a montré une petite expérience. Si on donne à des enfants un gâteau riche en calories et parfumé à la vanille, ou un autre plus diététique mais au goût de chocolat, on constate que les enfants qui ont reçu le gâteau pauvre en calories en consomment plus. Cependant, si on triche et qu'on donne ensuite un gâteau au chocolat beaucoup plus riche et un gâteau à la vanille beaucoup moins riche, les enfants continuent à faire de plus gros repas avec le gâteau au chocolat car ils ont identifié que le goût de chocolat était supposé contenir moins de calories. C'est cela qui fait la connexion entre la satiété, le rassasiement et l'importance de la perception des goûts. Pour continuer la démonstration, c'est pour cela que chaque fois que je propose des régimes, j'insiste sur le plaisir de manger. En effet, si on crée une restriction alimentaire, il est important de donner du goût aux aliments pour permettre d'associer des aliments maigres à la notion de rassasiement et ainsi prévoir et anticiper le maintien du poids une fois le régime fini.

L'appétit

Ce mot a été inventé en 1936 par Richter. Il décrit une forte motivation à rechercher et à consommer un nutriment qui fait défaut mais qui donne également un plaisir sensoriel. Prenons le cas du sel, indispensable au bon fonctionnement de nos cellules. Pendant longtemps, l'homme était en recherche permanente de ce produit, mais il est devenu tellement courant que notre intérêt pour celui-ci a diminué. Si l'appétit permet de nous indiquer les produits dont nous avons besoin, il contribue également à nous donner du plaisir et donc à majorer la sensation de rassasiement. C'est pourquoi il faut stimuler les plaisirs sensoriels pendant un régime et coller le plus souvent possible au goût de nos patients. Car ce qui est agréable pour les uns ne l'est pas forcément pour les autres. C'est là aussi qu'intervient l'apprentissage alimentaire qui s'est produit pendant notre enfance, notre adolescence ou au travers de l'alimentation du quotidien : nous avons formé nos propres goûts. À titre d'exemple, rappelons une expérience faite sur des rats. Ils préfèrent spontanément l'eau pure à une eau qui aurait une saveur acide. Toutefois, s'ils présentent une carence en zinc, ils vont quand même choisir l'eau acide car elle contient du zinc. Cela permet de comprendre qu'il y a une interrelation entre les besoins et le plaisir pour former la sensation d'appétit. Il n'est pas rare que certains de nos patients consomment en grande quantité un aliment particulier et que l'on retrouve en même temps une carence dans un des nutriments qui composent cet aliment. D'où la nécessité de concevoir des régimes qui permettent de satisfaire l'ensemble de nos besoins et n'entraînent aucune carence dans le moindre nutriment ou micronutriment.

Le goût prononcé du sucre, quant à lui, provient de très loin. En effet, la plupart des aliments « poisons » étaient associés à des goûts amers, ce qui nous a fait avoir une appétence moins forte pour ce type de produit. Parallèlement, l'être humain est en contact avec le sucre depuis ses premiers jours car le lait maternel a un goût sucré. Le nourrisson répond très rapidement par un sourire à la prise de sucre et par une grimace à la consommation d'un produit amer.

L'acte de manger est donc un mécanisme extrêmement complexe qui associe à la fois la nécessité de nourrir un corps et de subvenir à l'ensemble de ses besoins, d'offrir un plaisir sensoriel, mais également de donner du volume alimentaire pour éviter qu'apparaissent les phénomènes de faim.

Manger sans faim

Pour autant, nous mangeons parfois autrement. En particulier en situation de stress, la consommation d'aliments a lieu sans faim, uniquement pour le plaisir et pour soulager un malaise. Ceci est lié au fait que l'acte de manger déclenche une sécrétion d'endorphines. On sait en effet qu'une zone de notre cerveau organise le comportement alimentaire (une partie de l'hypothalamus). Si celle-ci est altérée, cela entraîne une diminution de la consommation alimentaire. Au contraire, si elle est stimulée électriquement, on augmente fortement le désir de manger. Nous n'oublions jamais de manger à nouveau car cela nous a été agréable. De façon corollaire, pour provoquer une sensation plaisante ou compenser une situation déplaisante, manger est une façon de sécréter des hormones qui vont nous procurer une sensation plus euphorisante.

Mais l'acte de manger n'est pas seulement une affaire de besoin et de plaisir, il s'intègre également au comportement de la société dans laquelle nous vivons et celui, individuel, que chacun aura appris pendant son enfance et son adolescence.

Contraintes sociales et éducation alimentaire

L'apprentissage alimentaire joue un rôle primordial dans l'acte de manger. Il permet d'ajuster un aliment ou un repas en fonction d'un moment de la journée. Très tôt, les enfants intègrent des règles fondamentales. Pas question de leur faire manger un poisson et du riz au goûter puisqu'ils auront appris à associer des produits sucrés à des hydrates de carbone, comme des biscuits au chocolat. L'attitude des parents et leurs choix alimentaires vont déterminer également leurs propres habitudes. Les États-Unis, actuellement touchés fortement par l'épidémie d'obésité, n'ont pas le même comportement que les Français. Ils laissent beaucoup d'autonomie à leurs enfants, dès leur plus jeune âge, vis-à-vis de la nourriture. C'est ce qui justifie en particulier l'importance à améliorer l'éducation alimentaire des plus jeunes, le plus tôt possible, pour guider leurs choix. La variété et la diversité alimentaire leur permettront également de former leur propre goût au travers de ce qu'ils auront à la fois goûté mais aussi observé dans l'assiette de leurs parents et en particulier de leur mère. À l'appétit naturel manifesté pour les produits les plus grands et les plus sucrés va se substituer un apprentissage qui se renforce à la table familiale. On peut reproduire ceci avec l'adulte au moment d'un régime, en essayant de développer ses connaissances alimentaires, tout en lui proposant de tester des aliments nouveaux, notamment les herbes et les épices. Il est aussi important de ne stigmatiser aucun aliment car plus il est interdit et plus il sera désiré.

L'enfant suit donc le goût de ses parents, mais, de façon assez surprenante, avec une composante génétique. Cette dernière s'observe également au travers des différenciations géographiques. Nous mangeons effectivement tous à peu près la même chose en termes de protéines, glucides, lipides et autres, mais avec des aliments totalement différents : des pâtes et du poisson chez certains, des pommes de terre et de la viande chez d'autres, du riz et des lentilles, etc. Quant aux légumes, ils proviennent de la production locale et des différences d'ensoleillement, mais ils apportent quand même toujours les mêmes minéraux, vitamines et oligo-éléments.

Les goûts et les dégoûts se forment également dans le milieu familial. Nous avons en général une méfiance naturelle face à un nouvel aliment, sauf si, au moment de la consommation, il produit à la fois un bénéfice pour notre équilibre énergétique et un plaisir gustatif. D'où l'importance de faire consommer le plus grand nombre d'aliments aux enfants afin de leur permettre d'effectuer une sélection personnelle. Une seule sensation négative incite à se détourner de l'aliment pour un moment.

Si j'ai tenu à vous exposer une partie des mécanismes de l'acte de manger, c'est pour vous permettre de bien saisir l'importance de la composition d'un menu au moment d'un régime. Il doit associer à la fois l'individualisation des goûts de chacun, le plaisir à consommer les aliments, le rassasiement, la variété des aliments et le volume des repas. Inutile d'imaginer qu'il existe des formules magiques pour maigrir, la puissance de l'ensemble de ces facteurs rend totalement improbable la possibilité de suivre à long terme toute alimentation qui n'observerait pas ces règles. S'il est possible parfois d'utiliser des techniques différentes, elles ne peuvent être suivies que pendant des périodes très courtes pour ne pas modifier l'ensemble des circuits qui conditionne l'équilibre entre l'appétit, la faim, le rassasiement et la satiété.

LE POIDS, FANTASMES ET RÉALITÉS

« Je me suis pesé et je n'ai pas perdu grand-chose ! En combien de temps vais-je perdre tous mes kilos ? J'ai bien perdu au début mais désormais cela stagne ! Je voudrais perdre vite au début pour que cela me motive. Je ne comprends pas, je suis bien mon régime et pourtant mon poids ne varie pas. » Tous les nutritionnistes ont entendu au moins une fois ce type de phrases ou de questions, qui reviennent inlassablement dans toutes les consultations de nutrition. Je voudrais vous expliquer ce que signifie le poids en dehors du chiffre que vous voyez sur une balance.

C'est quoi le poids ?

Le poids est l'expression de la masse totale du corps, qui se décompose ainsi : la graisse, le muscle, le squelette osseux et l'eau. En dehors du poids des os (et encore ! avec le vieillissement, la déminéralisation entraîne une perte osseuse), les trois autres catégories sont en permanence en mouvement. Il est d'ailleurs quasi miraculeux de conserver son poids à quelques kilos près tout au long de sa vie, au regard de ce phénomène. À titre de simple exemple, le rein filtre tous les jours environ 24 l d'eau, c'est-à-dire 24 kg de poids. Le muscle, lui, évolue au fur et à mesure de la vie, particulièrement en fonction des cycles hormonaux. Il fait partie de la « masse maigre » (avec les liquides qui circulent dans le corps) et augmente régulièrement et de façon identique pour les deux sexes jusqu'à la puberté ; puis il augmente plus rapidement chez le garçon. Jusqu'à l'âge de 20 ans, la croissance se poursuit pour atteindre un maximum. Par la suite, la masse musculaire va décroître lentement et régulièrement au cours de la vie, de façon plus marquée chez l'homme que chez la femme.

Des études ont démontré que cette réduction se faisait de l'ordre de 3,5 à 4,5 % tous les 10 ans. Au-delà de 75 ans, un homme a quasiment la même masse maigre qu'à 14 ans et une femme qu'à 13 ans. Ceci permet d'expliquer la prise de poids fréquente avec l'âge. En effet, la masse maigre est celle qui dépense le plus d'énergie. Avec moins de masse maigre, il y a moins de dépense d'énergie. Or, la consommation alimentaire reste souvent la même, il y a donc mathématiquement une prise de poids.

Quant à la graisse, elle évolue de façon aléatoire, pouvant considérablement augmenter, en particulier chez les obèses et les grands obèses. Quand on souhaite maigrir, on veut évidemment perdre de la graisse ! Pourtant, avant les balances à impédancemétrie, notre seul repère consistait à la prise d'une mesure unique, le poids, rassemblant ces différentes catégories.

Il est impossible d'anticiper exactement une perte de poids, alors qu'il est possible de prévoir des modifications de silhouette proportionnelles à la stratégie alimentaire mise en place. Toute proposition précise de perte de poids reste prédictive, mais sans aucune garantie. Quant à moi, quand on me pose cette question, je choisis de donner une fourchette approximative de perte de poids qui correspond à plus ou moins à 30 % de l'ambition de la personne.

La stagnation de poids ne signifie rien car il est tout à fait possible d'augmenter sa masse musculaire et de perdre de la graisse, ce qui donne un résultat nul sur la balance, alors qu'il y aura une perte de tissu adipeux et donc une modification de la silhouette. Imaginez un repas japonais fortement arrosé de sauce soja, extrêmement salée : pour conserver la pression dans le sang, le corps est obligé de stocker un peu plus de liquide. Le poids augmente, alors que la graisse n'a pas bougé, voire même a diminué si le régime est bien observé. De même, un état de constipation favorise une augmentation du poids sans que le moindre élément corporel soit modifié. Les secrétions d'hormones s'accompagnent souvent d'un phénomène de rétention hydrosodée, donc du sel et de l'eau. Encore une fois, le poids augmente sans variation du poids de la graisse.

L'amaigrissement correspond à l'utilisation de l'énergie contenue dans notre tissu adipeux (la graisse) pour fournir à notre corps ce que notre alimentation ne suffit plus à lui délivrer. Dans le cas d'un régime, c'est un choix délibéré que nous faisons, mais en cas de famine, c'est grâce à l'existence de cette graisse que notre corps continue à fonctionner et que nous pouvons vivre.

Car malgré toutes les fausses informations qui circulent çà et là, l'amaigrissement comme la prise de poids sont la résultante d'un déséquilibre entre ce que nous mangeons et ce que nous dépensons. Tout le reste n'est que fantasme ! Combien de fois ai-je entendu que les calories, ça ne comptait pas, qu'il y avait les bonnes et les mauvaises calories, que les régimes à base de calories ne fonctionnaient pas. Ce genre de propos est une insulte à la science et démontre, au mieux, une ignorance complète.

En réalité, nous ingérons des aliments qui fournissent l'énergie nécessaire à la réalisation de différents travaux mécaniques, électriques et chimiques de notre corps. Vous connaissez déjà la conservation de la chaleur, mais bien d'autres mécanismes de dépenses d'énergie sont à l'œuvre dans notre organisme : la digestion elle-même, le stress, l'effort musculaire et l'ensemble des réactions chimiques de notre corps. Cicatriser représente un coût d'énergie, tout comme fabriquer des hormones, penser, méditer, etc.

Cette énergie provient essentiellement des glucides (les sucres) ainsi que des lipides mais peut provenir parfois des protéines (c'est d'ailleurs un mauvais modèle sur lequel fonctionne le régime hyperprotéiné, nous y reviendrons). Si nous mangeons plus que ce que nous dépensons, nous grossissons. Si, à l'inverse, nous dépensons plus que ce que nous consommons, que ce soit en réduisant notre alimentation ou en ayant une activité beaucoup plus soutenue, nous maigrissons.

Pour comprendre les états de stabilisation au cours des pertes de poids, souvenons-nous que moins nous avons de cellules dans notre corps, moins nous avons besoin d'énergie pour l'entretenir. Pour maigrir, il suffit en général de réduire d'environ 500 calories l'alimentation d'une personne afin de créer un déséquilibre entre la consommation et la dépense d'énergie. Ainsi une personne qui mange environ 2500 calories par jour maigrira avec un régime légèrement en dessous de 2000 calories par jour. Ensuite, plus on avance dans l'amaigrissement et plus la dépense d'énergie diminue, proportionnellement à la réduction du poids. Ainsi si la dépense d'énergie diminue pour arriver à 2200 calories, la perte de poids sera extrêmement minime, à supposer que le corps n'utilise pas son système d'épargne qui consiste à diminuer spontanément l'activité des cellules pour se protéger le plus longtemps possible de la privation. C'est pour cela qu'à un moment donné, non seulement il peut y avoir une stagnation de poids, mais aussi une reprise avec le même type d'alimentation - celui où la consommation d'énergie devient inférieure à la dépense d'énergie.

La cadence d'un amaigrissement dépend donc de la restriction alimentaire que l'on met en place. Plus on veut maigrir vite, plus la réduction de l'alimentation sera importante, mais à moins que l'on soit très grand, très gros et très sportif, ce sont des régimes toujours difficiles à supporter. De plus, le mécanisme d'épargne se mettra en route beaucoup plus rapidement, ce qui freinera l'amaigrissement futur.

Il est donc fondamental d'accompagner un amaigrissement. On ne peut pas réussir avec un seul régime, il faut parfois savoir s'arrêter pour reprendre, il faut modifier les régimes en fonction des situations, il faut les adapter en fonction de l'âge de la personne, de son activité et de nombreux autres paramètres. C'est seulement ainsi qu'on ne fera pas de promesses inutiles, car si on laisse le fantasme s'installer, il risque de se terminer en déception qui trouvera sa compensation dans la nourriture…

Des individus inégaux face au poids

L'inégalité entre les individus s'explique par plusieurs facteurs, dont certains ne peuvent être modifiés :

- La génétique : notre programmation détermine le niveau de nos dépenses métaboliques de base, c'est-à-dire ce que notre organisme consomme lorsqu'il est à 37 °C, au calme, sans stress ou sans émotion et sans bouger.
- L'activité physique : elle inclut aussi le mince travail invisible que nos muscles réalisent indépendamment de notre volonté, comme une corde de violon qui vibre sans faire de bruit, majorant donc la dépense d'énergie pour certains et leur permettant d'avoir une alimentation plus riche sans prendre de poids.
- La conservation de chaleur : certains ont besoin de moins d'énergie pour conserver une température du corps normale, ou même légèrement inférieure, ce qui nécessite effectivement un moins grand nombre de calories.

- Le travail de digestion : dans les années 1970-1980, on supposait qu'il pouvait être générateur de plus ou moins d'énergie, faisant la variable entre les uns et les autres.

Mais l'ensemble de ces facteurs, en dehors du facteur génétique, n'a jamais été considéré comme déterminant.

Il n'en reste pas moins que, quelle que soit la raison, le surpoids est forcément provoqué par une augmentation de la consommation alimentaire par rapport au niveau individuel de notre dépense d'énergie. Beaucoup d'entre nous sommes incapables d'estimer correctement nos prises alimentaires, cela a fait l'objet de nombreuses études. Certaines ont démontré la corrélation entre l'augmentation du poids et des prises alimentaires importantes et espacées (ce qui explique que le jeûne intermittent doit se faire sur des séquences courtes pour en bénéficier et non sur des séquences longues), ainsi qu'une trop forte consommation de graisse, d'ailleurs souvent proportionnelle au degré d'obésité. Il est donc important, dans les régimes, de maîtriser l'apport en matières grasses.

Le poids de l'hérédité

On a beaucoup entendu parler de la génétique de l'obésité. Nombreux sont les chercheurs qui ont découvert un gène « responsable de l'obésité ». Par exemple, le gène Ob1 a un rôle dans la réaction de notre corps à l'insuline (hormone régulant le taux de sucre dans le sang),

EPP1 sur la production d'acides gras et de cholestérol (venant entraver la manière habituelle dont le corps brûle les graisses), AMY1 perturbe la fabrication d'une enzyme de la salive ou d'autres encore qui bouleversent l'hormone de contrôle de la faim, la leptine. Dans tous ces cas, lorsque le gène concerné subit des mutations, les risques d'obésité sont démultipliés.

Par rapport à notre pratique quotidienne, cela ne sert pas à grand-chose, parce qu'il y a une multiplication des découvertes et qu'il n'y a pas de conséquences thérapeutiques pour l'instant. Le seul intérêt serait d'identifier les enfants porteurs de cette différence génétique afin de mettre en place une surveillance beaucoup plus attentive.

Si l'on soupçonne une prédisposition génétique à la prise de poids, le moyen très simple pour le vérifier, c'est d'observer les parents. Lorsque l'obésité ou le surpoids touche plusieurs membres de la famille, il est très probable que des facteurs héréditaires se soient transmis de génération en génération, et qu'ils favorisent le stockage de la graisse et un excès de poids. Le diagnostic posé, l'important est de revoir au plus vite l'alimentation et de mener une éducation alimentaire. Quand on est conscient d'une telle prédisposition, on arrive assez facilement à organiser une alimentation adéquate pour ses propres enfants.

À l'inverse d'ailleurs, quelqu'un qui présente une obésité ou un surpoids au sein d'une famille globalement mince, doit s'interroger sur son mode de vie et entreprendre le plus rapidement possible une modification de ses comportements alimentaires. Comme d'habitude, tout changement doit être réalisé de façon modérée pour éviter la frustration.

Le poids et son évolution

Pendant l'enfance

En dehors de la prédisposition génétique, notre manière de vivre et de nous alimenter est responsable de l'évolution de notre poids. Cela vaut autant pour les adultes que pour les plus jeunes. Évidemment, l'enfant grossit lorsqu'il mange plus que ce qu'il dépense.

Nous apprenons très tôt à associer le goût et le contenu calorique des aliments. Il est fascinant de voir qu'un enfant est capable de dire qu'il n'a plus faim, y compris quand il a beaucoup apprécié un repas. Cet apprentissage est l'élément fondamental pour savoir se nourrir correctement. Cependant, même dans l'enfance, il ne se déroule pas toujours comme il faut. Les parents sont au premier rang de ce trouble de l'apprentissage et de la surconsommation alimentaire : trop forte présence de certains aliments dans la maison, mauvais choix des aliments, indifférence vis-à-vis de l'alimentation de l'enfant, trop de liberté alimentaire, mais aussi manque d'information ou de prise de conscience. En bref, l'éducation alimentaire d'un enfant n'est pas faite ! Les facteurs économiques jouent, hélas, un rôle important, car ils déterminent souvent le choix des aliments. Ainsi, certains produits moins chers sont souvent plus riches et plus gras.

L'activité physique est nécessaire, car on a remarqué que les enfants obèses bougeaient moins que les autres. Là aussi, il relève du rôle des parents d'inciter les enfants à avoir une activité physique. Parfois les parents eux-mêmes n'ont pas été sensibilisés à cette éducation alimentaire, reproduisant un modèle alimentaire que leurs propres parents leur ont appris. La transmission se fait autant dans ce cas par la génétique que par la modélisation de l'alimentation au travers des différentes générations. Dans la prescription d'un régime autant chez les enfants (jamais avant l'âge de 10 ans) que chez les parents, il est important de connaître à la fois l'origine géographique et les habitudes alimentaires de la famille. Cela permet de décider s'il faut simplement jouer sur la valeur calorique des aliments et des menus ou bien modifier radicalement le comportement alimentaire et les aider à comprendre les grands principes de l'alimentation et du poids. Je ne crois pas aux amaigrissements s'il n'y a pas en même temps une information suffisante et même une instruction, à la façon d'un cours de nutrition adapté au grand public. Quand j'ai créé les Masterclasses de la nutrition, j'ai été surpris de voir l'adhésion immédiate des participants et surtout de constater combien leurs progrès ont été importants en termes de connaissances de la nourriture et de la mise en application de celles-ci.

Chez la femme, de l'adolescence à la ménopause

Autant jusqu'à la puberté, l'évolution du poids du jeune garçon et de la jeune fille se comporte de façon sensiblement identique, autant à partir de la puberté, tout change. Chez l'adolescente, sous l'influence des hormones sexuelles, la graisse se développe surtout au niveau des cuisses, des hanches et des seins. Elle devient donc un peu plus grasse que le garçon au même âge. Si elle grossit sous l'influence d'une alimentation plus riche que sa dépense d'énergie, la prise de poids se concentre sur ces mêmes zones. La génétique influe aussi fortement car il n'est pas rare de trouver un excès de graisse sur les cuisses ou sur les fesses chez la mère de cette jeune fille, disposée de façon identique.

Les facteurs psychologiques sont majeurs, car l'apparence physique continue à jouer un rôle capital, malgré tous nos efforts en faveur de l'égalité des sexes et contre les discriminations. La silhouette et la graisse deviennent une véritable obsession. C'est le lit de nombreuses anorexies, car il est souvent difficile de faire accepter à une jeune fille que, même avec un amaigrissement, la disposition morphologique de sa graisse ne se modifiera pas. La culotte de cheval, le genou épais, la cheville trop forte, les seins trop gros, tout est prétexte à des complexes qui incitent à des régimes multiples, incohérents et inefficaces sur le long terme. Au final, le corps ne changera pas, et le poids risque même d'augmenter régulièrement, plongeant la personne dans le cercle vicieux des régimes, proie facile pour les vendeurs de miracles. Tout ça pour un rêve que personne n'a osé confronter à la réalité.

Par conséquent, il est important de limiter l'accès au régime des adolescents et des adolescentes. La frustration, la reprise de poids, la transformation de l'équilibre corporel, la modification des comportements alimentaires conduisent en général à un surpoids qui s'exprimera plus tard. Mieux vaut jouer sur un équilibre alimentaire, en dessous de la consommation alimentaire préalable, et amplifier l'activité physique, avec des petites séquences, de temps en temps, de régime un peu plus restrictif (pas plus de 15 jours à trois semaines).

Encore une fois, tout est affaire d'accompagnement ! Les premiers temps, je commence par donner des consignes alimentaires plutôt aisées à suivre, j'évite les régimes trop difficiles. J'essaie progressivement d'habituer l'adolescente à son corps, en tentant de nouer une relation empathique avec elle. Souvent, elle pense que ses parents l'aiment comme elle est et ne comprennent pas son problème. Ça ne marche pas systématiquement, mais il faut quand même essayer. J'ai ainsi rencontré de jeunes patientes en fort surpoids qui rayonnaient tant, que l'on pouvait aisément les qualifier de belles, mais qui ne se percevaient pas du tout ainsi. Le fait qu'un professionnel, considéré comme impartial et objectif, le leur confirme les aidait à mieux s'accepter, à retrouver de l'estime de soi. Et je reviens au texte de Platon que vous avez pu lire dans le premier chapitre, qui démontre que chaque corps est beau, car la beauté est un terme complexe qui ne se limite pas aux simples courbes corporelles.

Le cycle hormonal influence fortement la prise d'aliments chez la femme. C'est d'ailleurs notre travail de prévenir cette situation pour éviter les mauvaises surprises. Un excès d'appétit s'observe souvent huit jours avant le début des règles. À l'inverse, au milieu du cycle, pendant les deux ou trois jours autour de l'ovulation, l'appétit diminue. L'écart calorique est important, il peut aller jusqu'à 400 calories ! La prise de poids observée après les règles, souvent de 1 kg environ, s'élimine assez rapidement, parce que l'appétit diminue et que la rétention d'eau et de sel disparaît avec le retour à la normale des hormones. C'est ce qui explique en particulier la difficulté à faire maigrir les femmes qui ont des règles irrégulières, ou celles qui ont des ovaires polykystiques, ce qui revient à peu près au même. Il faut retenir que les œstrogènes diminuent la prise alimentaire alors que la progestérone fait l'inverse.

À la ménopause, les sécrétions hormonales se tarissent, la graisse va progressivement passer des hanches et des cuisses vers le ventre. Il est fréquent d'observer une prise de poids à cette période, résultant de la diminution des hormones et de la masse musculaire, ce qui provoque une baisse de la dépense d'énergie. La prise de poids est fréquemment de l'ordre de 4 à 5 kg, avec une alimentation équivalente à la période précédente, ce qui est extrêmement frustrant. Quand la prise de poids est plus élevée, elle trahit souvent l'addition d'un petit trouble.

Dans notre société, on a longtemps associé la ménopause au vieillissement, puisqu'il n'y avait plus de maternité. Heureusement les temps changent, beaucoup de femmes médiatiques sont devenues des exemples de fraîcheur et de vitalité, quel que soit leur âge. Le sport s'est totalement démocratisé, à tous les âges. Or, la silhouette dépend réellement de l'activité physique, ce qui permet à ces femmes de conserver une silhouette à leur goût et leur évite tout complexe. Une simple réduction de 200 à 250 calories par jour, que ce soit par l'intermédiaire du régime ou l'augmentation d'activité physique, permet de retrouver son poids. Au passage, il faut tenir compte de l'activité sociale dans la prescription d'un régime et ne pas négliger les bienfaits de la convivialité. Cela implique de prendre en compte des repas au restaurant, des repas en famille ou des repas exceptionnels avec des choix alimentaires plus riches et plus qualitatifs.

Les hommes sont-ils différents des femmes ?

Une fois la puberté atteinte, la génétique est fondamentale autant sur le plan de la morphologie, c'est-à-dire des courbes de la silhouette du jeune homme, que de sa propension à grossir avec une alimentation quasiment normale ou modérée. Autant chez les hommes que chez les jeunes hommes, les soucis esthétiques ne constituent pas vraiment une motivation à maigrir. La force physique, l'intelligence, l'humour, la confiance en eux-mêmes, un peu plus tard la position sociale leur semblent être les facteurs à privilégier pour leurs succès relationnels et amoureux.

Chez les adolescents, la consultation est souvent à l'initiative des parents, sauf en cas de gynécomastie, c'est-à-dire quand ils ont des seins. Cette féminisation est source de complexes profonds et de mal-être, au point que certains refusent catégoriquement de se mettre torse nu, que ce soit à la piscine, à la plage ou ailleurs. La gynécomastie peut avoir deux origines : une graisse qui se localise essentiellement au niveau du thorax, donc des seins, ou beaucoup plus rarement un problème hormonal qui se diagnostique soit avec des examens biologiques, soit en examinant avec attention le jeune homme pour vérifier que la puberté s'est développée normalement. La motivation est tellement puissante qu'il y a de fortes chances de réussir un amaigrissement. Par contre, quand ce sont les parents qui nous les amènent, il est rare qu'il y ait la moindre mise en application des programmes que nous leur donnons, tant que ce ne sont pas eux qui l'ont décidé. Afin de les protéger, il vaut mieux leur conseiller une alimentation équilibrée en attendant qu'ils soient prêts à s'engager dans un régime. Il est très facile de recommander l'activité sportive, car les garçons sont friands de sport collectif, et, sexisme oblige, les parents ont plus souvent tendance à inciter les garçons que les filles à pratiquer cette activité. Comme leur masse musculaire est déjà plus développée que celle des filles, la pratique de l'exercice physique leur est plus bénéfique. Ils peuvent maigrir beaucoup plus rapidement et fortement avec des régimes modérés associés avec une pratique sportive soutenue.

En vieillissant, la majorité des hommes arrêtent le sport, ce qui se traduit par une prise de poids d'une dizaine de kilos en moyenne. Souvent absorbés par leur travail ou leur réussite sociale (en tout cas, c'est ce qu'ils disent), ils bougent moins, mangent plus et grossissent au même rythme que les femmes, voire parfois plus vite. La graisse apparaît la plupart du temps sous forme de bedaine, assez gênante sur le plan médical car la graisse intra-abdominale est néfaste pour la santé. Au cours de mes consultations, j'ai constaté que les hommes ont moins de volonté que les femmes pour contrôler leur alimentation et ils n'arrivent presque jamais à suivre un régime à la lettre. Ils refusent en général de peser leurs aliments, ne cherchent pas à enrichir leurs connaissances en lisant des livres de régime ou des articles consacrés à ce sujet. Ils jugent la diététique vulgaire et s'y intéressent peu. Ils apprécient les régimes basés sur des grands principes qui ne nécessitent aucune connaissance ou en tout cas très peu. La plupart du temps, ils se réfugient derrière l'arrêt du sport ou l'excès de leur travail pour expliquer leur prise de poids, comme si l'alimentation était un facteur nul. Le gros ventre est souvent le fait d'un ballonnement, si on les écoute ! Pire que tout, ils fanfaronnent en général en disant que s'ils décident de s'y mettre, un peu comme une faveur qu'ils nous font, alors ça ira très vite. Vous étonnez-vous que je sois capable d'écrire ce genre de choses ? Mais c'est ce que j'observe chaque jour et cela correspond à une détermination sexiste des comportements. Les seuls que j'ai vu maigrir de façon simple et efficace sont ceux qui avaient des problèmes de santé, ou encore des métiers nécessitant de la rigueur comme, à titre d'exemple les ingénieurs et les mathématiciens. Sinon il faut user des heures de salive et déployer des trésors d'imagination pour enfin arriver à leur faire suivre correctement un régime. Le plus paradoxal, c'est qu'il est en général plutôt facile de maigrir pour les hommes. Pourtant ce sont eux qui présentent le plus grand nombre d'accidents cardio-vasculaires en relation avec l'obésité ou le surpoids, et notamment s'ils ont cette fameuse bedaine. Ce sont donc eux qui devraient maigrir en priorité.

Et en vieillissant ?

À ma grande surprise, ces dernières années, des patients de plus en plus âgés viennent me consulter pour régler un problème de poids, parfois réel, parfois cosmétique. Cela montre que notre société accepte de moins en moins bien l'arrêt de la jeunesse (je n'ai pas dit le vieillissement) et dispose désormais de nombreux moyens pour le repousser. Chirurgie esthétique et nutrition sont devenues désormais le pain quotidien des plus âgés. J'ai soigné un homme de 95 ans pour lui faire perdre une dizaine de kilos, et je ne compte plus le nombre de femmes de 90 ans qui sont venues me voir, parfois simplement pour 2 ou 3 kg. Il faut dire que même lorsqu'un régime ne provoque pas une grande perte de poids, il est souvent bénéfique en termes de santé. Cette transition entre une femme de 90 ans et les enfants qui me consultent de temps en temps fait partie des joies de mon métier.

En tout cas, la différence homme-femme va se gommer légèrement avec l'âge, car la diminution de la testostérone chez l'homme et des œstrogènes et de la progestérone chez la femme les remet un peu dans le même état qu'avant la puberté. Sauf que la masse musculaire reste toujours plus importante chez l'homme, même si elle diminue, que chez la femme. Cela commence vers la cinquantaine, car tout comme il existe une ménopause chez les femmes, il y a une andropause chez les hommes. Il faut savoir que cette perte musculaire est un problème, car elle entraîne une démuscularisation qui est responsable d'une diminution de la mobilité. Une consommation importante de protéines associée à un régime équilibré devient indispensable. La pratique d'un exercice physique modéré est également très importante. Pour nuancer ce que je viens d'écrire sur les hommes, je dois reconnaître qu'à partir d'un certain âge, ils deviennent extrêmement observants des consignes diététiques. Il est donc beaucoup plus facile d'être efficace.

Poids, santé et arithmétique

Vouloir maigrir ne signifie pas forcément être en surpoids et la demande d'amaigrissement a toujours une signification particulière. On peut le désirer pour se sentir mieux dans sa peau, pour se libérer d'un complexe, pour modifier son corps, pour lâcher une angoisse, pour une occasion particulière tel qu'un mariage, et parfois pour remettre ses vêtements d'auparavant ou tout simplement pour accéder à un état de mieux-être. Il ne faut pas avoir une attitude dogmatique (contrairement à ce que l'on a appris pendant longtemps dans les facultés de médecine), car notre rôle de médecin consiste à faire du bien aux gens et à ne pas appliquer des règles sans les comprendre.

Comment déterminer un surpoids

Le corps humain dispose d'une formidable capacité à changer. Alors existe-t-il réellement un poids idéal ? Les médecins ont répondu en recherchant une mesure qui déterminerait un poids idéal permettant d'assurer le meilleur état de santé possible, sans rapport avec l'esthétique ni, malheureusement, la psychologie.

On a utilisé, pendant un moment, une approche déterminée par des compagnies d'assurances américaines, sur un modèle d'évaluation statistique, dite de Lorentz.

Poids idéal (femme)
= taille en centimètres – 100 – ((taille – 150)/2,5)

Poids idéal (homme)
= taille en centimètres – 100 – ((taille – 150)/4)

Par exemple, pour une femme de 1,70 m, on calcule ainsi : 170 – 100 – 8, ce qui donne un poids idéal de 62 kg. Pour un homme de la même taille, on passe à 65 kg.

Avec cette ancienne formule, on parle d'obésité lorsque le poids dépasse 120 % du chiffre. Elle est dite moyenne si le poids est compris entre 120 et 140 % et massive au-delà de 140 %.

On l'a remplacée par l'index de Quetelet ou indice de masse corporelle, plus connu sous ses initiales IMC. Cette formule, plus simple, consiste à diviser le poids en kilogrammes par la taille (exprimée en mètre) au carré.

Lorsque l'indice de masse corporelle se situe entre 18,5 et 25, on considère que le poids est normal. Lorsque l'IMC est compris entre 25 et 30, on parle de surpoids, entre 30 et 35 d'obésité, entre 35 et 40 d'obésité sévère, et au-delà de 40 d'obésité morbide.

Cette vision mathématique du poids est assez déprimante, car elle nous situe dans une fourchette de chiffres, sans prendre en compte tous les facteurs médicaux. En particulier, la disposition de la graisse reste le déterminant le plus important pour la santé. De plus, elle fige l'individu sur une échelle sans prendre en compte la raison pour laquelle cette personne aurait un surpoids ou une obésité, quel en est l'avantage parfois ou le réel désavantage. Il faut aller au-delà et réfléchir à la façon de l'annoncer et prévoir une attitude soignante. À l'heure où on parle de discrimination, juger d'un surpoids en ne considérant qu'un nombre me semble plutôt violent.

Nous savons que plus les kilos en excès se situent sur le ventre et sur le haut du corps, plus le risque pour la santé est majoré. En revanche, lorsque la localisation de la graisse se porte sur les hanches ou sur les cuisses, ou encore de façon harmonieuse sur l'ensemble du corps, les conséquences sont bien souvent moins importantes. Voilà pourquoi une autre mesure, plus intéressante médicalement, consiste à mesurer le tour de taille au niveau du nombril et le tour des hanches à son niveau le plus large. On divise ensuite le tour de taille par le tour de hanche et cela permet beaucoup mieux de mesurer le risque. Ce rapport doit se situer entre 0,64 et 0,85 chez la femme et entre 0,85 et 1 chez l'homme. En faisant cela, on peut ainsi apprécier la valeur de la graisse intra-abdominale qui est le vrai facteur prédictif des problèmes de santé. Encore une fois, on ne fait pas maigrir juste pour le plaisir d'avoir un chiffre de poids inférieur au précédent. On doit pouvoir en retirer un bénéfice quel qu'il soit, et il n'y a pas lieu d'obéir à la tyrannie médicale sans pronostic négatif sur la santé. Ce qui compte, c'est d'être le mieux possible dans sa peau. Cet indice me semble plus raisonnable, car il m'est déjà arrivé de rencontrer des personnes en surpoids avec un rapport taille-hanches de bonne qualité, sans problème de santé. À l'inverse, certains de mes patients présentaient un poids dans la norme mais un mauvais rapport taille-hanches, ce qui doit entraîner une modification de l'alimentation pour réduire la graisse et augmenter la masse maigre.

Je tiens à insister sur le fait que la perte de kilos a souvent un impact positif autant sur l'image sociale que sur la vie sentimentale et professionnelle. Sur le plan professionnel, nous verrons plus tard que le combat contre les discriminations liées au poids est loin d'être gagné.

Des risques réels pour sa santé

Ce n'est pas par facilité que les médecins proposent de perdre du poids, quelle que soit la maladie concernée. De très nombreuses études ont démontré qu'un excès de poids et de la graisse mal disposée altérait la santé en provoquant un grand nombre de maladies. Bien sûr, il y a toujours des exceptions et on trouvera de grands obèses qui ont vécu très vieux et sans maladie, mais ce ne sont pas les plus nombreux.

La liste des maladies dans lesquelles l'obésité est concernée est très longue :

- Les troubles du métabolisme : diabète, excès de cholestérol ou de triglycérides, goutte, calculs rénaux ou coliques néphrétiques.
- Les troubles du système cardio-vasculaire : hypertension artérielle, insuffisance coronarienne, infarctus du myocarde, insuffisance cardiaque, mort subite, varices, phlébite et embolie.

- Les cancers : vésicule, utérus, sein, ovaire, tube digestif, pancréas, prostate.
- Les accidents chirurgicaux : risques anesthésiques et de complications plus fréquents.
- Les difficultés articulaires : arthrose du genou, lésions de la hanche.
- Les troubles gynécologiques : stérilité, règles irrégulières, grossesse difficile, bébé trop gros.
- Troubles de la libido : hypogonadisme, diminution de l'activité sexuelle.

Malgré l'empathie et l'affection que j'ai pour toutes ces personnes grosses que j'ai rencontrées dans ma vie, je sais que tout ceci est exact. Je sais également combien il est difficile de demander à quelqu'un de maigrir, surtout quand il a déjà un problème de maladie et donc un souci. C'est aussi une des raisons pour lesquelles il faut prescrire des régimes avec tact et délicatesse, et non comme un exercice visant à stigmatiser une personne pour son poids et à la culpabiliser. C'est un message fondamental à faire passer aux étudiants en médecine.

Le regard de la société

Dans notre société occidentale, le corps gros est un objet de répulsion. Un ensemble de connotations négatives sont associées à l'obésité : paresse, négligence, laisser aller, bêtise, absence de contrôle sur soi-même, manque de raffinement, laideur physique et même pauvreté. À l'inverse, une silhouette mince est associée à jeunesse, finesse, maîtrise de soi, souplesse, confiance en soi… Les gros sont devenus une sous-classe, l'objet d'un rejet. Cette étiquette « d'obèse » collée par la société devient le statut principal de la personne concernée, ses qualités et ses compétences s'effacent derrière celle-ci[1]. Cela va encore plus loin : la personne concernée, suivant le mouvement général, finit par considérer que cette attitude de stigmatisation est normale, et elle ne se voit plus que par ce prisme. Tout au long de sa vie, que ce soit dans les milieux scolaire, médical, professionnel ou dans sa vie personnelle, la personne obèse est dépréciée et discriminée en raison de son poids. Ainsi, il est reconnu que l'obésité agit comme un frein au niveau de l'accession à un haut niveau d'études, à une ascension professionnelle ainsi qu'à la reconnaissance salariale. D'autres études constatent que les femmes obèses font plus souvent des mariages descendants dans l'échelle sociale, et les femmes minces des mariages ascendants[2].

Et pourtant tout n'a pas toujours été comme cela, comme on l'a vu dans l'histoire de la silhouette. Pendant longtemps, la graisse a été un signe extérieur de richesse et de bonne santé. Chez la femme, elle était le symbole d'une fécondité heureuse (légende encore vivace dans certaines

1. Claire Hofmann-Pijollet, « Notre société favorise l'obésité et la rejette », www.reiso.org, 2014
2. Jean-Pierre Poulain, *Sociologie de l'obésité*, PUF, Paris 2009

régions d'Afrique noire et du Maghreb), et chez l'homme de la force physique. Toutes les études ont montré qu'il existait une relation entre l'obésité et le statut socio-économique. Jusque dans les années 1960, on considérait qu'une situation économique modeste ou mauvaise entraînait plus facilement une obésité chez les femmes (période à laquelle les femmes minces étaient d'ailleurs moins nombreuses dans les positions sociales élevées). À l'inverse, les hommes à la position sociale favorisée étaient plus souvent obèses avec l'image de ce monsieur au gros ventre, de l'homme d'affaires important. Dans nos sociétés actuelles, cette relation se confirme pour les femmes, mais pas pour les hommes. On voit donc apparaître une obésité quelle que soit la situation économique et sociale des hommes. Chez les femmes, statistiquement, l'obésité reste prépondérante dans les milieux sociaux économiques moins favorisés. Si on regarde chez les enfants et les adolescents, il n'y a aucun rapport avec le milieu social, contrairement à ce que l'on a souvent entendu à propos des bassins de population du nord et du nord-est de la France.

Mais d'où vient cette augmentation de l'obésité ? En comparaison des siècles passés, on mange plus et on bouge moins. Autre facteur amplifiant le décalage de l'équilibre entre consommation et dépense d'énergie, nous disposons désormais de moyens efficaces pour lutter contre le froid, comme les vêtements, le chauffage mais aussi nous nous déplaçons beaucoup moins fréquemment à pied contrairement à nos ancêtres.

Avec la mondialisation alimentaire, aussi bien dans la quasi-totalité des pays du monde en voie de développement que dans nos pays occidentaux, nous avons observé un enrichissement progressif de l'alimentation : plus de sucre, plus de graisse, donc plus d'appétit et par conséquent plus de quantité consommée. La diversité alimentaire s'est faite en faveur de produits hypercaloriques plutôt que de produits sains. On est passé de la réclame à la publicité, avec une capacité d'analyse des comportements du consommateur extrêmement performante et en même temps une présence démesurée de cette publicité. Attention, il ne s'agit pas de la condamner aveuglément, elle n'est pas la seule responsable mais la conjonction des facteurs renforce le problème, à savoir une société plus riche, une industrie agroalimentaire plus avide de bénéfices et donc obligée en permanence d'inventer de nouveaux produits pour se démarquer de la concurrence, une amplification des goûts sucrés et gras. Le cocktail est parfait. Que peut notre volonté face à ce phénomène, surtout quand on sait que les mesures de prévention de l'obésité sont un grain de sable au regard du volume publicitaire de l'industrie alimentaire ?

Voilà pourquoi deux problèmes sont vraiment importants dans notre société : comment agir sur le comportement alimentaire ? comment agir sur l'industrie de l'alimentation sans pénaliser le consommateur et l'industriel ? Ceci définit donc l'obésité comme un problème de société.

Obésité et discrimination

Au mois de mai 2020, le mot « grossophobie » est rentré dans le Petit Robert. Elle est définie comme « l'ensemble des discriminations systémiques (...) qui touchent les personnes en surpoids et/ou obèses ». Pour Gabrielle Deydier, fondatrice du site « Ginette le mag » et autrice de *On ne naît pas grosse*[3], on peut distinguer plusieurs types de grossophobie : la grossophobie du quotidien et la grossophobie systémique « liée à la discrimination à l'embauche ou à des problèmes pour se soigner parce qu'on est trop gros ». Cette distinction est tout à fait exacte.

La grossophobie du quotidien démarre dès la petite enfance, dans les cours de récréation où l'idée de sa différence s'introduit progressivement dans la tête de l'enfant en surpoids ou obèse en même temps que sa souffrance d'être marginalisé par rapport au groupe. Adulte, le regard des autres confirme sa marginalité, lorsque la personne va au restaurant, achète des aliments, a des difficultés à bouger ou à sortir d'une voiture, entraînant culpabilité et honte. Face à cela, trois attitudes sont possibles.

La première consiste à accepter son statut et à se résigner, tout en le contournant. Différenciation au niveau des vêtements, couleur provocante des cheveux, tentative d'être le ou la plus drôle du groupe, tout est bon pour se faire accepter. Parallèlement à cela, il faudra supporter

3. Éditions Goutte d'or, 2017

l'humiliation du statut que les autres donnent parfois. Mais le plaisir de faire partie du groupe prime souvent sur le chagrin et la peine. Peu de gens se rendent compte de ce que vivent les personnes en surpoids ou en obésité.

La seconde réaction, extrêmement fréquente, consiste à se jeter dans les bras des régimes, des charlatans, des chirurgiens esthétiques. Allant de déception en succès, et de succès en déception, cela augmente à la fois la douleur et encore et toujours la culpabilité, car on prétend encore aujourd'hui auprès du grand public que l'obésité est une maladie de la volonté.

La troisième n'est pas nouvelle, c'est le militantisme. À chaque période, une ou plusieurs femmes tentent de faire accepter leurs différences et les revendiquent, comme ce fut le cas dans le passé. Elles adoptent des attitudes extrêmement provocantes pour démontrer qu'elles assument leur corps et pour tenter de le faire assumer par le reste de la société. Le militantisme sert en quelque sorte de pansement à la douleur sur le plan individuel mais pourra peut-être faire avancer la société de façon plus humaniste. Jusqu'à présent, aucune initiative de ce genre n'a eu assez d'ampleur pour modifier le regard de la société, mais un phénomène nouveau apparaît : la reconnaissance de la discrimination envers l'apparence physique ou l'obésité.

Arrêtons-nous un instant sur l'expression « apparence physique » qui n'est pas précisément définie dans la loi.

Pour le Défenseur des droits[4], elle regroupe « l'ensemble des caractéristiques physiques et des attributs propres à une personne », en distinguant « les caractéristiques dites « inaltérables » qui relèvent de l'apparence corporelle – les traits du visage, la corpulence, la couleur de la peau… – de celles, « modifiables », qui constituent l'apparence vestimentaire et le « style » d'une personne : vêtements, coiffure, tatouages, piercings… ». Dans cette étude menée en 2016, les hommes obèses témoignent avoir été discriminés trois fois plus que les hommes ayant un IMC dans la norme. Quant aux femmes, elles sont encore plus touchées par la discrimination liée au poids, les femmes obèses rapportent avoir été discriminées huit fois plus souvent. Or, le Code du travail interdit toute discrimination d'un candidat à l'embauche ou d'un salarié, notamment sur les critères d'apparence physique.

Sur le principe, un licenciement en raison du poids relève d'une discrimination et peut être annulé. Toutefois, la jurisprudence a déjà considéré que « l'aptitude à occuper un poste peut dépendre de facteurs d'ordre physique parmi lesquels il est concevable que figure le poids. La clause imposant un certain poids limite dit « poids santé » à une ancienne obèse animatrice d'un groupe de personnes prises en charge pour perdre du poids est licite en fonction de l'emploi occupé et de la nécessité d'être

4. 9e édition du Baromètre du Défenseur des droits et de l'OIT sur la perception des discriminations dans l'emploi : « Le physique de l'emploi », *Études et Résultats*, février 2016

un exemple de l'état à atteindre et la preuve qu'il peut être atteint ».[5] Je trouve ce jugement assez curieux car il remet en question la notion de grossophobie. Quel rapport peut avoir la taille d'une personne avec son activité dans l'amincissement ? Derrière ce jugement se cachent en réalité les ferments d'une discrimination. Cela prouve que malgré tous les efforts du législateur, la discrimination à l'égard du poids reste fortement ancrée dans le cerveau de la population. D'ailleurs, selon l'étude de 2016 citée plus haut, plus d'un tiers des chômeurs considérait qu'il était acceptable de refuser d'embaucher quelqu'un du fait de son poids.

Voilà donc le véritable état de la société. Une stigmatisation très importante chez les personnes en surpoids ou en obésité, une double stigmatisation même, car les femmes sont pointées du doigt, encore plus que les hommes. Même si on se réjouit de la reconnaissance d'une discrimination concernant l'apparence physique et particulièrement le poids, quelle sera la conséquence ? Comme à l'accoutumée, nous aurons le droit à quelques émissions de télévision, un peu de publicité positive, mais la loi sera très difficile à faire appliquer. Peut-être que la reconnaissance de l'état de discrimination fera du bien au psychisme des personnes concernées ? Les très jeunes générations, à cet égard, font preuve de plus de générosité et sont peut-être l'avenir d'un comportement meilleur. En tout cas, il

5. Cour d'appel de Douai, arrêt du 20 octobre 1983, cité dans la Décision du Défenseur des droits MLD, n° 2016-058

faut continuer à lutter pour obtenir des résultats et tenter de trouver des solutions avec les moyens du bord. Mais connaître tout ça fait du bien ! C'est pour cela que j'ai voulu consacrer un chapitre particulier à cette question.

C'EST QUOI LA GRAISSE ?

Contrairement à une idée largement répandue, la graisse peut être quasiment comparée à un organe, au même titre qu'un poumon, un cœur, un foie... Cette zone molle que nous pouvons attraper entre nos deux doigts est en réalité un tissu vivant. Elle sécrète des hormones, subit des modifications tout au long de la vie, varie d'un individu à un autre. Le taux de graisse dépend entre autres de l'âge ou du niveau d'activité sportive. Ces taux sont globalement plus élevés pour les femmes adultes (de 14 % pour les plus athlétiques à 31 %, avant le seuil d'obésité) que pour les hommes adultes (de 6 à 24 %).

La graisse a une véritable utilité. Elle est une réserve énergétique qui sert fortement en période de famine pour délivrer les calories nécessaires à la survie. Elle est également un des moteurs principaux de la cicatrisation.

Tout savoir sur les adipocytes

Les cellules qui composent le tissu graisseux s'appellent les adipocytes. Elles sont six à dix fois plus grandes que les cellules habituelles de l'organisme et contiennent des lipides à l'intérieur. Une fois le repas fini, le sucre et les lipides d'origine alimentaire circulent dans le sang pour rejoindre les adipocytes qui les transforment en graisse. Ainsi, en cas de déséquilibre alimentaire, lorsque l'on mange plus que ce que l'on dépense, la taille des adipocytes augmente, le poids également et donc nous grossissons. Au moment d'un régime, ou même d'un exercice physique, pour compenser la dépense d'énergie, les adipocytes libèrent leur stock pour être utilisé par les autres cellules comme un carburant. Le volume des adipocytes a diminué, le poids également : nous maigrissons.

Pendant longtemps, on a cru que notre stock d'adipocytes était défini pendant notre enfance et notre adolescence. On pensait que les adipocytes étaient des cellules qui grossissaient et qui maigrissaient sans variation de leur nombre. Cette hypothèse était fausse car l'apparition de nouvelles cellules adipocytes peut survenir tout au long de la vie. C'est par exemple un phénomène fréquent au moment de la grossesse, mais aussi à beaucoup d'autres dates hormonales, telles que la ménopause, les prises de médicaments, mais aussi les cures amaigrissantes à répétition. Cependant, une fois apparues, même en cas de cure d'amaigrissement, elles ne disparaîtront pas. Cette augmentation du stock de cellules disposées à stocker des graisses rend la perte de poids plus difficile, d'où l'intérêt de ne pas démultiplier le nombre de régimes. En fait, ces nouvelles petites cellules existent déjà dans notre corps, sans être définies comme des cellules de graisse. Quand les graisses qui circulent sont trop nombreuses pour les adipocytes en circulation, elles se transforment alors pour servir d'espace de stockage supplémentaire.

La part de la génétique réside dans le nombre de cellules de graisse présentes dans le corps depuis la naissance jusqu'à la fin de la grande adolescence. Mais on voit bien que les événements de la vie, en raison de l'existence de ces petites cellules qui peuvent se différencier en cellules de graisse, permettent à chacun d'augmenter son capital de stockage. C'est ce qui explique que, même mince à l'adolescence, on puisse par la suite développer un surpoids ou une obésité difficile à contrôler. Mais cela explique aussi pourquoi on est plus à risque de développer une obésité ou un surpoids lorsqu'on a une génétique moins favorable.

Des différences homme-femme

Il y a une différence flagrante entre les hommes et les femmes au niveau de la composition corporelle. Une femme, de façon physiologique, est naturellement deux fois plus grasse qu'un homme. La disposition de la graisse se situe essentiellement dans la partie basse du corps : le bas-ventre, les fesses, les hanches et les cuisses, ce qui est en fait une différenciation sexuelle. Chez un homme, la graisse se concentre surtout sur la partie haute du corps depuis l'abdomen jusqu'à la nuque.

Généralement – je précise qu'il s'agit d'une moyenne –, l'apparition d'un surpoids ou d'une obésité se manifeste exactement de la même façon. L'homme va grossir du haut du corps et la femme du bas du corps. Voilà pourquoi une obésité du bas du corps est dite gynoïde, alors qu'une obésité du haut du corps est dite androïde. Cette définition a été utile pour apprécier l'état de santé. Bien sûr, plus nous sommes gros, plus grands sont les risques pour la santé. Mais la localisation de la graisse reste l'outil principal pour définir la dangerosité d'un surpoids ou d'une obésité. Ainsi un homme qui aurait une disposition de la graisse comparable à celle d'une femme est moins « à risque » et inversement une femme qui aurait une augmentation dédiée vers le haut du corps serait plus à risque. En effet, la graisse située au niveau du haut du corps et dans l'abdomen se trouve au contact des organes les plus nobles, comme le foie, le pancréas, l'estomac. Cette graisse présente au contact des organes est intéressante car elle se libère plus rapidement que les autres graisses, mais inversement en se libérant dans le circuit sanguin, elle perturbe le fonctionnement du foie et l'action de l'insuline. En avoir un peu est très utile, en avoir trop devient dangereux. C'est d'ailleurs pour cela qu'il est plus difficile de perdre la graisse située au niveau des membres ou des fesses, car elle ne se libère que plus tardivement. C'est toute la difficulté des gens qui ont des culottes de cheval ou une graisse périphérique très importante, pour lesquels seul un temps long de régime sera efficace afin d'éliminer ces zones de graisse qui sont celles qui torturent le plus, notamment les femmes.

Le rôle des hormones sexuelles

Mais pourquoi la disposition harmonieuse de la graisse chez une jeune fille avant la puberté peut-elle brutalement changer au moment de celle-ci ? La réponse réside dans l'intervention des hormones sexuelles. Les hormones sexuelles féminines agiront essentiellement au niveau des cuisses et des hanches, provoqueront la multiplication de ces petites cellules qui vont former plus tard les adipocytes, les cellules de graisse. Une fois constituée, la disposition de la graisse ne changera pas jusqu'à la ménopause. À ce moment-là, la diminution de la sécrétion des hormones effacera le caractère spécifique de la disposition de la graisse. Ainsi, il y aura une diminution des zones graisseuses sur les cuisses et les fesses au profit d'une répartition plus importante au niveau de l'abdomen : ce petit coussin sous le nombril qui hante les femmes au moment de la ménopause. Assez curieusement, plus une femme est forte et plus elle conserve la disposition gynoïde de sa graisse. En effet, le tissu graisseux a pour particularité de pouvoir transformer d'autres hormones en hormones féminines qui prennent ainsi le relais des ovaires qui ne sécrètent plus. Donc plus il y a de graisse, plus il y aura d'hormones féminines.

À l'inverse chez l'homme, les androgènes empêchent la formation des adipocytes. C'est donc le rapport entre les hormones sexuelles mâles et femelles qui va influencer la localisation de la graisse. C'est un phénomène assez rapide que l'on observe chez les athlètes dopés avec de la testostérone. La génétique interviendra aussi puisque la définition des différents taux d'hormones est responsable de la définition de la silhouette.

On comprend également ainsi l'intérêt de l'activité physique qui, mobilisant plus rapidement la graisse abdominale, permet de réduire le risque sur la santé.

La graisse, indispensable à la vie

La graisse apparaît chez le fœtus dès la fin du troisième mois de grossesse, pour atteindre 17 % du poids de l'enfant qui va naître. Puis la quantité augmente, tant que l'enfant ne bouge pas, avant de diminuer progressivement pour revenir aux alentours des 17 % vers six ans. Déjà à cet âge-là, la petite fille possède plus de graisse que le garçon, elle doublera après la puberté. Les enfants des deux sexes ont une disposition de la graisse identique et c'est seulement à la puberté que la graisse corporelle va diminuer de moitié dans la partie inférieure du corps du petit garçon contrairement à la petite fille.

Cette graisse reste, pour la plupart des espèces, le seul système possible pour stocker des calories et les délivrer en cas de besoin, notamment d'absence de nourriture. La graisse a donc permis à l'humanité de survivre à la plupart des catastrophes. La nature est bien faite puisqu'elle a choisi la graisse plutôt que le sucre comme système de réserve, car la graisse occupe un moindre espace pour stocker un maximum de calories. En effet, si un gramme de sucre vaut quatre calories, un gramme de graisse vaut neuf calories. Un homme de 80 kg possède une réserve de plus de 100 000 calories sous forme de graisse, soit l'équivalent de 50 jours de privation alimentaire !

L'être humain stocke la graisse dans le tissu adipeux au lieu du foie, contrairement aux animaux à sang froid par exemple (les poissons, les reptiles…). Mais l'homme étant un animal à sang chaud, il lui faut une température corporelle constante et c'est le tissu adipeux, en stockant les calories, qui lui permet de les distribuer selon les besoins. Le monde animal fournit des exemples tout à fait admirables. Quand les manchots empereurs s'installent pour couver leurs œufs, ils arrêtent de manger et utilisent leur stock de graisse pour couvrir leurs besoins. Dès que ce stock diminue trop, quel que soit le stade de leur couvaison, ils repartent immédiatement pour pouvoir s'alimenter et reconstituer les stocks afin d'éviter la mort.

La graisse est donc un système de tissu d'ajustement qui permet de disposer en permanence d'une réserve de calories et s'adapte aux situations telles que l'effort physique ou la variabilité de la prise alimentaire. Nous sommes la seule espèce pour laquelle il existe une variation importante au niveau de la disposition du corps. Les autres espèces comparables, par exemple les singes, ont une distribution de la graisse corporelle quasiment identique chez le mâle et la femelle. À l'origine de l'espèce humaine, il est probable que la distribution de la graisse chez la femme se soit déterminée pour lui éviter la famine plus qu'aux hommes en raison de la nécessité de la maternité et de l'allaitement, tel que le rapportent les anthropologues.

La graisse brune

Un mot sur la graisse brune que l'on a tendance à oublier depuis quelque temps dans nos efforts de recherche. Cette variété de graisse se situe autour des plus gros vaisseaux sanguins et de nos organes nobles (cerveau, cœur, rein...) qui ne peuvent absolument pas subir une variation de température trop forte, sous peine de graves désordres. Cette graisse, au même titre que l'autre, sert à produire de la chaleur, mais sera utilisée en priorité vers ces organes. C'est le cerveau qui décide cela, pour contrôler sa propre température notamment. Concrètement, lorsque nous avons froid, nous nous efforçons de bouger pour produire une activité musculaire qui va engendrer de la chaleur en mobilisant les adipocytes et donc la graisse. Si cela ne suffit pas, notre corps se met à frissonner pour mobiliser les muscles superficiels, sans volonté de notre part, toujours pour produire de la chaleur et réchauffer notre corps. C'est à ce moment-là que le tissu brun est mobilisé, un peu comme un système d'urgence qui se met en place pour pallier la lenteur de la mobilisation de la graisse blanche.

Pourquoi est-ce une voie de recherche intéressante ? On s'est rendu compte que des rats qui grossissaient en se nourrissant à l'excès n'atteignaient pas le poids qu'ils auraient dû faire. Leur tissu brun s'emballe extrêmement vite pour les protéger et consomme très rapidement les calories absorbées pour produire le plus rapidement possible de la chaleur. Ces animaux, contrairement à l'homme, ne disposent pas du chauffage central, d'habits, de nos systèmes de protection contre le froid. Le seul dont ils disposent, c'est la graisse brune. Si nous arrivions un jour à augmenter cette graisse au détriment de l'autre, nous pourrions peut-être disposer d'un système de régulation de l'obésité…

La cellulite

Le terme cellulite est spécifiquement français, au point qu'aucune autre langue n'a d'équivalent. Il décrit l'accentuation du tissu adipeux au niveau des hanches, des cuisses et des fesses, avec un aspect que l'on a appelé capiton ou peau d'orange (comme si l'aspect de la cuisse était gaufré).

Sur le plan anatomique, chez la femme, la graisse des hanches et des cuisses est disposée sous forme de cloisons, parallèles entre elles et perpendiculaires à la peau. En fait, on observe l'apparition des compartiments graisseux sous la surface de la peau, quand ils sont trop volumineux. Une peau mince et une graisse épaisse sont un facteur favorable. Les hommes n'ont que très rarement de la cellulite car la graisse n'est pas cloisonnée, elle peut glisser et s'étaler plus facilement sous la peau.

Pour essayer de la faire disparaître, de nombreux systèmes sont sur le marché.

On connaît tous les crèmes amincissantes qui bénéficient chaque année d'une publicité saisonnière. Elles sont généralement composées de caféine, voire de théophylline, ou d'autres produits n'ayant jamais fait leurs preuves sur les cellules de graisse. La présence de substances comme la caféine ou la théophylline est la conséquence d'une expérimentation montrant que les membranes des cellules de graisse se brisent quand elles baignent dans un liquide contenant ces produits. Malheureusement, ce que les prétendus essais cliniques n'expliquent pas, c'est qu'il faut bien éliminer la graisse libérée quelque part, sinon elle part dans d'autres cellules. De surcroît, ce qui se voit dans un tube à essai ne correspond pas à ce qui se passe dans un corps humain. Pour les autres produits, il ne s'agit que de suppositions sans démonstration. On peut donc conclure sans mauvais esprit que ces crèmes n'ont aucun effet sur le tissu adipeux. Ne vous laissez pas avoir par les publicités au vocabulaire choisi qui ne présentent rien de scientifique. Par contre, l'avantage est que l'application de la crème nécessite un massage qui permet non seulement d'assouplir la peau, mais également de vous occuper de vous-même. Mais on pourrait le faire avec des crèmes moins onéreuses.

Les massages pratiqués par un kinésithérapeute présentent ce double avantage du massage traditionnel. Il peut parfois se coupler avec un drainage lymphatique et donc résoudre des problèmes veineux. Comme le but du jeu est d'obtenir un meilleur aspect, même si la diminution de la graisse n'est pas très importante, les effets sont bénéfiques. Rien à voir avec les appareils qui palpent et qui massent, à l'efficacité trop réduite pour un tel investissement.

Des méthodes simples peuvent aussi aider à limiter l'œdème autour des cellules de graisse : monter les escaliers pour améliorer le retour veineux, dormir les jambes en élévation légère, ne pas rester en station assise trop longtemps, diminuer la consommation de sel, augmenter l'activité physique avec de la musculation légère. Très fréquemment, on oublie également de dire que les vêtements trop serrés favorisent l'apparition de la cellulite.

La cryothérapie a été un espoir, rapidement dissipé. En effet, outre des résultats trop légers, les incidents se sont révélés plus fréquents que prévu avec des nécroses de la peau et des fibroses du tissu. À quoi sert de remplacer un désagrément par un autre ?

Ce que l'on appelle les draineurs n'a pas d'effet direct sur la cellulite mais plutôt sur l'œdème autour de la graisse. Ce sont des produits en général sans danger quand ils sont achetés dans des conditions légales, qui contiennent la plupart du temps des substances ayant pour effet d'augmenter de façon naturelle l'excrétion urinaire et donc l'eau. Ils présentent l'avantage de pousser à boire un peu plus. Si on ne se ruine pas à les acheter, pourquoi pas ?

LES MOMENTS À RISQUE

Quand on procède à l'analyse de l'évolution du poids, il est important d'essayer de distinguer à quel moment a eu lieu la prise de poids. Un certain nombre de situations, de dates, d'événements particuliers sont susceptibles d'être à l'origine de l'augmentation d'un poids qui, en principe, aurait dû être stable.

La puberté

Elle peut être l'occasion d'une prise de poids, comme nous l'avons déjà évoqué en raison des modifications hormonales mais aussi à cause de son impact psychologique.

Les modifications hormonales peuvent s'accompagner d'une augmentation de l'appétit qui parfois a du mal à être régulé par le jeune garçon ou par la jeune fille. Cela complique la situation car, en début de vie, un nouveau capital de cellules de graisse est constitué, qui devient un facteur négatif pour la suite. D'où la stricte nécessité pour les parents d'intervenir très vite.

Sur le plan psychologique, la prise de poids est une alerte, car elle démontre que le passage du statut d'enfant à celui de jeune homme ou de jeune fille n'est pas forcément bien compris ou bien supporté. L'apparition des caractères sexuels peut être une source d'angoisse. Ceci est valable autant pour les garçons que pour les filles et peut s'associer à d'autres causes. Par exemple, cette transformation peut entraîner des réflexions de la part du cercle d'amis ou du cercle scolaire, contribuant à créer des complexes ou des angoisses. La réponse la plus simple et la plus rapide consiste parfois à compenser par une prise alimentaire plus souvent orientée vers le grignotage. C'est donc une période à surveiller particulièrement.

Les grandes dates hormonales

Chez la femme, elles sont à risque et nécessitent une surveillance accrue de l'alimentation à ces périodes, même s'il n'y a jamais eu de problème de poids. Elles regroupent la grossesse, l'allaitement, la ménopause mais aussi les interventions chirurgicales comme l'hystérectomie, l'ovariectomie, ainsi que la mise en place d'une contraception ou d'un traitement substitutif. Encore une fois, il y a un mélange entre la psychologie et le métabolisme.

Sur le plan des hormones, le déséquilibre entre progestérone et œstrogènes, quel que soit son sens, a un impact à la fois sur l'appétit, sur la sensation de faim, sur la mobilité, sur la rétention d'eau et de sel, mais aussi sur l'anabolisme. Ce dernier peut se définir, en simplifiant, comme la capacité du corps à transformer l'alimentation de façon plus efficace et plus rapide sous forme de stockage et en priorité de graisse. C'est un phénomène difficile à combattre, ce qui ne peut se faire qu'avec une diminution de l'alimentation dès que l'on observe un début de prise de poids. Le phénomène de rétention de sel et d'eau est presque plus facile à combattre avec une alimentation pauvre en sodium (le sel) et un contrôle des apports en liquide. Voilà pourquoi face à des personnes « à risque », il faut être en alerte immédiatement et ne pas hésiter à diminuer l'alimentation de 200 à 250 calories maximum par jour ou alors augmenter l'activité physique du même chiffre.

Les causes psychologiques sont plus compliquées, car il faut les dépister et ne pas hésiter à questionner longuement la personne. Par exemple, la ménopause peut être mal vécue si elle est perçue comme un abandon de la féminité ou le passage à la vieillesse. Une grossesse non désirée peut entraîner une culpabilité très importante, mais tellement antisociale qu'elle est très difficile à exprimer. Elle peut être également la source d'une peur importante devant la nouvelle responsabilité. S'il y a eu une prise de poids à la première grossesse, cette tendance sera amplifiée à chaque grossesse suivante, d'où la nécessité d'une surveillance encore plus importante.

Notre société a terriblement culpabilisé les femmes qui refusent l'allaitement et certaines le font contraintes et forcées sous la pression sociale. Cette culpabilité entraîne un conflit psychologique qui trouve son réconfort dans l'alimentation. Dans certaines populations, les légendes ont la vie dure et, comme pour la grossesse, on s'imagine qu'il faut manger beaucoup plus pour assurer le travail d'une mère aimante, conforme à l'image sociale. C'est vrai, il y a des besoins particuliers pour la grossesse et pour l'allaitement, mais pas de façon démesurée. C'est mon rôle d'assurer la prévention de ce type de situation et de vous l'écrire.

Les grands événements de la vie

Le mariage, le divorce, la séparation, entre autres, sont des événements particulièrement à risque. Là encore, il y a une double raison : les modifications du comportement alimentaire qu'entraînent la nouvelle situation et l'impact psychologique et émotionnel de l'événement. C'est aussi simple que cela, faire la nourriture pour une personne, deux personnes ou une famille n'entraîne pas les mêmes réflexes et peut produire des effets inattendus. Le mariage, par exemple, est souvent l'occasion d'une vie plus calme, orientée vers le foyer plus que vers l'extérieur, avec une plus grande place pour les repas et l'alimentation. Les réflexes alimentaires sont les fruits d'une longue adaptation qui se trouve modifiée par la nouvelle situation. Il faut un peu de temps pour reprendre ses marques.

Sur le plan psychologique, on peut tout observer. Pour certains, il y a une suppression de l'appétit. La douleur d'une rupture, d'un divorce ou d'un décès peut entraîner une espèce de désintérêt global, une forme de mélancolie avec un abandon de toutes les formes de plaisir y compris celui de manger. À l'inverse, la solitude, la souffrance, le choc peuvent trouver une compensation dans l'alimentation.

On peut aussi citer toutes les situations où la nourriture permet de se relaxer et de retrouver un équilibre des plaisirs : les déménagements, le stress professionnel, le chômage, la retraite, etc. Ici il s'agit vraiment d'une interaction avec le psychisme, soit qu'il est débordé par la rapidité des événements, soit que ceux-ci entraînent une détresse, même légère. Le burn-out commence souvent par une perte de poids, qui est suivie dans la foulée d'une prise de poids.

Le cas particulier du travail de nuit

Croire que la fatigue se guérit avec une consommation d'aliments plus importante est une idée reçue répandue. C'est ainsi que le travail de nuit entraîne souvent une majoration des quantités ou de la qualité des aliments. La modification des rythmes horaires entraîne deux effets. Le premier, c'est la nécessité de réorganiser l'alimentation en fonction des nouveaux horaires : faut-il prendre un petit déjeuner en rentrant du travail ? Faut-il décaler l'ensemble des repas en les faisant glisser avec un petit déjeuner à midi ou 13 h, un repas vers 18 h, puis un dernier vers minuit par exemple ? Quel type d'aliments consommer en fonction de l'horaire ? On peut ne pas avoir envie de faire griller un steak après un réveil en début d'après-midi, ou après une longue nuit de travail, on peut avoir envie de manger autre chose qu'une tartine et un café… Tout cela entraîne une modification du comportement alimentaire qui n'est pas dans l'éducation que nous avons mis longtemps à former. Par ailleurs, le travail de nuit entraîne souvent le grignotage, histoire de compenser un vide, une période d'ennui parfois et de solitude fréquemment.

Enfin, il faut parler de ces deux hormones qui régulent notre appétit : la leptine et la ghréline. La leptine est sécrétée pendant notre sommeil, surtout s'il est de bonne qualité. Elle entraîne une diminution de l'appétit et une augmentation de la satiété. La ghréline fait exactement l'inverse, augmentant en cas de sommeil de mauvaise qualité ou d'absence de sommeil, ce qui est souvent le cas chez les travailleurs de nuit. La particularité de cette hormone, c'est que le tissu adipeux des obèses est susceptible de la sécréter. Donc plus on est gros et moins on percevra la sensation d'absence de faim. Ainsi, malgré leur poids, certaines personnes ne connaissent jamais la sensation de faim et continuent à manger, car les signaux ne fonctionnent plus. C'est ce qu'il faut expliquer aux gens qui se moquent des obèses quand ils les voient manger de grosses rations, pour qu'ils comprennent qu'il ne s'agit pas d'un laisser-aller mais d'un phénomène strictement hormonal. C'est pourquoi, que ce soit dans le cadre d'un régime ou pour prévenir l'apparition d'un surpoids, il faut donner des repères aux travailleurs de nuit et des conseils pour parer au grignotage et organiser la nourriture.

L'arrêt du tabac

La première prise de poids liée à l'arrêt du tabac est la conséquence de son effet thermogénique. Le tabac consomme effectivement de l'énergie, ainsi d'ailleurs que de la vitamine C et du calcium. Par conséquent, sans modification de l'alimentation, l'impact de l'arrêt du tabac se traduit par une augmentation de 4 à 5 kg. On dit que cette prise de poids s'efface au bout de quelques mois, mais ce n'est pas toujours le cas. La seconde prise de poids, pour laquelle il n'y a pas de limite (j'ai vu des cas très différents, de 2 à 15 kg), est souvent sous la responsabilité d'une augmentation de la prise alimentaire et d'une compulsion fréquente. Il y a plusieurs composantes :

- une forme de dépression à l'arrêt d'une addiction, comme toutes les autres addictions ;
- la notion de gestuelle (la prise de la cigarette est remplacée par la prise d'un aliment) : dans ce cas, il s'agit d'un automatisme qui est remplacé par un autre ;
- assez curieusement, la pression sociale qui n'arrête pas d'affirmer que l'arrêt du tabac entraîne automatiquement une prise de poids.

En tout cas, l'arrêt du tabac bénéficie pleinement d'une augmentation de l'activité physique pour remplacer les 150 calories que la nicotine fait dépenser. La mise en place d'un régime au début de l'arrêt du tabac n'est pas conseillée, car elle génère une frustration supplémentaire. Très peu de gens sont capables de supporter les deux en même temps, alors que la pratique d'un exercice physique augmente la sécrétion des hormones du plaisir, ce qui compense un peu le manque de tabac.

Dans ce cadre des périodes et événements à risque, plus loin dans le livre, je partagerai avec vous des histoires de perte et de prise de poids. Vous pourrez sentir au plus près les différents affects émotionnels qui sont en relation avec la nourriture, et donc en corrélation avec la réalité de l'acte de manger. Vous verrez que réussir à dénouer une pelote psychologique permet assez fréquemment de démarrer en fanfare un amaigrissement.

Les médicaments

Oui, il est complètement exact que certaines catégories de médicaments sont responsables de prise de poids ou de modification de la silhouette.

Les médicaments à base de cortisone

Les corticoïdes induisent fréquemment une prise de poids, particulièrement lorsqu'ils sont pris durant plusieurs semaines ou mois.

Lors des traitements courts pour un problème temporaire rhumatologique ou une inflammation des voies aériennes, cette prise de poids est habituellement modérée, de l'ordre de 1 à 2 kg. La plupart du temps, ce phénomène est en relation avec une rétention de sel et d'eau. Cette augmentation de poids est temporaire, régressant fréquemment à l'arrêt du traitement, aussi brutalement qu'elle est arrivée. C'est un sujet de stress chez les personnes en cours d'amaigrissement, qu'il faut vite rassurer. Le seul traitement consiste à utiliser un régime sans sel, et de préférence sans sucre, pour limiter l'impact du médicament.

En revanche, en cas de traitement long avec des doses importantes, les corticoïdes vont jusqu'à modifier l'aspect physique avec un arrondissement du visage (le visage « lunaire »), l'apparition d'une bosse au niveau de la nuque (« bosse de bison ») ou une augmentation du tour de taille. Ces anomalies sont dues à une redistribution des cellules graisseuses dans l'organisme (appelée lipodystrophie) et pas à une rétention d'eau. Ici, les consignes alimentaires doivent être plus précises, et un régime est quasiment nécessaire. Augmentation des protéines, diminution des matières grasses et des sucres et limitation du sel sont particulièrement recommandées.

L'appétit augmente fortement en raison d'une hausse de l'irritabilité et de l'hyperactivité qui résulte du médicament. On peut maigrir même sous cortisone, mais il faut reconnaître que c'est tout de même plus difficile.

Les antibiotiques et les anti-inflammatoires

Même avec un moindre effet, ils sont également responsables d'une augmentation de la rétention de sel et d'eau. L'augmentation de poids ne dure pas et cède dès l'arrêt du traitement.

Les hormones sexuelles

Les hormones agissent lors des événements naturels comme la ménopause, la puberté mais on peut également en prendre dans le cadre d'une contraception, d'un traitement pour une infertilité ou du traitement substitutif à la ménopause par exemple.

La réponse aux hormones n'est pas toujours la même selon les femmes car elle dépend réellement de la structure de leur tissu gras. En effet, il existe des récepteurs qui modifient la réponse aux hormones, selon qu'ils sont présents ou non sur les cellules de graisse. La prise de poids n'est donc pas une fatalité, même si elle est relativement fréquente.

Augmentation de l'appétit, rétention d'eau et de sel, majoration de la capacité à stocker les graisses, augmentation de la localisation des graisses sur les zones dites sexuelles (hanches, cuisses, fesses) sont les effets de ces substances. Malgré la difficulté un peu plus importante autant psychologique que physique, il est très important de réussir le régime en faisant quelques ajustements. Par exemple, on conseille fortement l'augmentation des protéines, une réduction calorique modérée, la limitation du sel ou l'utilisation de sel diététique, et la majoration de l'exercice physique.

Les antidépresseurs et les médicaments psychotropes

Ces médicaments sont utilisés pour soulager la souffrance psychique. Nous, Français, avons l'habitude de les utiliser à forte dose et fréquemment. Ils sont prescrits dans les cas de dépression et de troubles psychiatriques du plus léger au plus important.

L'un des effets secondaires les plus fréquents est la prise de poids, qui peut atteindre jusqu'à 4 kg au bout de 10 semaines. Les raisons sont multiples : ralentissement ou modification du métabolisme, augmentation de l'appétit, réduction de l'activité et changements hormonaux. Ce dernier effet serait une cause majeure de la prise de poids, bien que peu souvent cité.

C'est l'hypothalamus, glande située dans notre cerveau, qui régule les sensations de faim et de satiété, selon les signaux qu'il reçoit *via* les hormones. Les médicaments psychotropes perturbent ces signaux et provoquent un dérèglement des mécanismes de faim et de satiété par un effet orexigène, c'est-à-dire qui stimule l'appétit et diminue la dépense énergétique, induisant en conséquence une prise de poids.

L'insuline

L'insuline est une hormone sécrétée par le pancréas. Elle est chargée de réguler le taux de sucre dans le sang en le stockant dans les muscles, le tissu adipeux et le foie. L'insuline est utilisée comme médicament pour traiter les personnes souffrant de diabète (de type I comme de type II à un stade avancé) car leur pancréas est incapable de produire de l'insuline ou d'en produire en quantité suffisante. Les personnes atteintes de diabète n'ont pas ou pas suffisamment d'insuline leur permettant de stocker le glucose dans l'organisme, il est donc éliminé dans les urines (on appelle glycosurie la présence de sucre dans les urines). Mais lorsque le patient reçoit de l'insuline, la glycosurie disparaît et le glucose est stocké dans l'organisme, entraînant un gain de poids. Ainsi, l'insuline ne fait pas grossir à proprement parler, mais fait retrouver le poids correspondant à sa consommation alimentaire.

Les antihypertenseurs et les bêtabloquants

Cette classe de médicaments est destinée à soigner l'hypertension artérielle.

Certains antihypertenseurs (inhibiteurs calciques, antihypertenseurs centraux, alphabloquants…) peuvent favoriser la prise de poids par la rétention d'eau. C'est ainsi que peut apparaître un œdème qui correspond à un gonflement des tissus dû à une accumulation d'eau (ou de liquide). Les antihypertenseurs favorisent la dilatation des vaisseaux sanguins afin de ralentir la pression artérielle mais, par la même occasion, les vaisseaux deviennent également moins « étanches » et laissent filtrer le liquide dans lequel baignent les globules vers le tissu interstitiel, c'est-à-dire les tissus situés entre les organes, formant ainsi un œdème.

Les bêtabloquants sont utilisés pour traiter l'hypertension, le diabète ou les troubles cardiovasculaires. La prise de poids qu'ils induisent est due au phénomène de la thermogenèse. Ce phénomène naturel régule la température corporelle en brûlant les calories et les graisses de l'organisme. Les bêtabloquants réduisent de moitié l'effet de la thermogenèse après les repas, entraînant ainsi le stockage des graisses dans l'organisme et donc la prise de poids.

Toutes ces substances sont donc susceptibles de favoriser la prise de poids ou de contrarier la perte de poids. Cependant la priorité est toujours donnée au traitement des maladies et il faut faire avec. Rassurer la personne qui grossit et donner des conseils diététiques adaptés font partie du travail quotidien.

Mais mieux vaut être prévenu, car un amaigrissement se déroule souvent sur une période de plusieurs mois, avec un risque de nombreuses interférences. On veut toujours passer d'un poids à un autre dans un amaigrissement, alors que le chemin est pavé d'incertitudes. Il faut en général prendre son mal en patience et savoir, en cas de petit incident, relativiser la stagnation du poids ou son augmentation en attendant de régler le problème, en acceptant qu'il s'agisse d'une situation temporaire.

SPORT ET RÉGIME

Cela fait un moment que l'on nous martèle que l'activité physique, et en particulier sportive, est la solution pour le maintien ou la perte de poids. Sur le plan théorique, il est exact que la dépense d'énergie induite par un exercice supplémentaire vient en soustraction de la consommation d'énergie et nécessite de consommer ses propres réserves corporelles et donc de maigrir. En effet, pour fonctionner, les muscles utilisent soit le sucre contenu dans leurs fibres (le glycogène), soit des acides gras. Nous avons dans le muscle un stock de sucre, mobilisable immédiatement, pour un effort physique d'environ 30 minutes. Au-delà, il faut solliciter les graisses du tissu adipeux, qui permettent de le supporter beaucoup plus longtemps, plusieurs heures.

Pour freiner les ardeurs de ceux qui aiment les efforts intenses, en s'imaginant qu'ils sont plus efficaces pour maigrir, il nous faut rappeler que plus un effort est violent, plus la proportion de sucre utilisé est forte et moins celle des lipides est importante. Cela plaide en faveur d'un effort régulier, ne nécessitant pas d'aller au maximum de sa capacité.

Calculer la dépense d'énergie d'une activité sportive est une véritable difficulté. Cela dépend non seulement du poids de la personne, mais également de son âge et de son sexe.

Petite liste (non exhaustive) d'activités physiques

Marcher reste l'activité physique à la fois la plus simple et la plus fréquente. En termes de dépense d'énergie, seule la distance parcourue est importante. Ainsi faire 5 km de marche en une heure, provoque une dépense d'énergie équivalente à celle qui se serait produite si la marche se faisait en une demi-heure. Il en est de même également pour des courses plus rapides.

Nager est une activité qui séduit souvent les personnes en surpoids ou en obésité. Il y a une dépense d'énergie, c'est incontestable car, à moins de barboter, le corps doit à la fois avancer dans l'eau mais également lutter pour flotter. Notons d'ailleurs que la brasse permet de dépenser plus d'énergie que le crawl et que lorsque la température de l'eau est un peu plus basse, la dépense d'énergie est augmentée puisqu'il faut maintenir la température du corps. Mais les personnes fortes vont dépenser moins de calories que des gens minces car la graisse isole de la température extérieure. Idéale pour une personne proche de son poids d'équilibre ou pour maintenir son poids, ce n'est pas l'activité à favoriser lorsqu'on est en surpoids. La marche reste préférable.

Le cyclisme, même à allure modérée, présente le double avantage d'améliorer la circulation des jambes et de provoquer une bonne dépense d'énergie, avec moins de traumatismes sur les genoux et sur les hanches. C'est l'activité idéale pour les obèses, avant de passer à la marche ou au jogging, une fois leur poids descendu au stade de surpoids.

Des activités comme le golf ou l'équitation sont considérées comme peu intéressantes pour la dépense d'énergie, à tort. En effet, si un jogging prend une heure, un parcours de golf ou une promenade à cheval entraînent une dépense d'énergie aussi importante car ils durent plus longtemps.

Souvent, on s'inquiète de l'augmentation de poids à la reprise d'une activité sportive. En réalité, c'est un phénomène d'adaptation car le muscle va se protéger en augmentant son contenu en sucre et en eau. Par la suite, un entraînement régulier rend l'effort physique beaucoup plus performant, et permet une perte de poids efficace. D'où l'intérêt d'être régulier.

Par-dessus tout, il faut savoir qu'un muscle brûle de l'énergie même quand il est au repos. Un entraînement régulier permet d'augmenter significativement la masse musculaire. En conséquence, l'activité sportive sera efficace même quand elle n'est pas pratiquée. Encore plus vertueux : plus on a de muscles, plus l'effort est payant car c'est le muscle qui consomme le plus d'énergie dans notre corps, plus que le tissu adipeux.

L'impact sur l'appétit est très différent selon chaque individu. Il existe quand même des règles communes. Si vous démarrez une activité physique alors que vous n'êtes pas du tout sportif, vous aurez probablement un peu plus d'appétit pendant quelque temps, car il faudra adapter la consommation des aliments à une dépense d'énergie tout à fait nouvelle. On a aussi remarqué que les personnes sédentaires mangent souvent plus que celles qui ont une activité physique légère. C'est donc un cercle vicieux car en bougeant peu, la dépense d'énergie est faible et s'accompagne d'un appétit plus fort. À l'opposé, un sportif très actif aura un appétit plus important mais il ne va pas grossir car il va adapter sa dépense d'énergie à sa consommation d'énergie. Une expérimentation menée il y a quelques années a constaté qu'une simple marche rapide en fin de journée provoque une diminution du repas du soir.

Le sport à jeun ?

On constate que pratiquer une activité physique à jeun entraîne une dépense d'énergie plus importante que si l'on a mangé auparavant. Cependant, si l'effort est prolongé, il est préférable de prendre quelques aliments auparavant pour rendre l'effort moins épuisant et lui permettre de durer plus longtemps. Au fond, c'est une affaire individuelle. Moins longtemps sans manger, ou plus longtemps en s'étant alimenté. Le résultat risque d'être le même, à chacun de faire son choix.

HISTOIRES DE POIDS, LA PSYCHOLOGIE À L'ŒUVRE

Cela fait des années que je suis partisan de modifier l'approche psychologique traditionnelle dans le cadre des régimes ou du surpoids. J'en ai assez qu'on ne parle que de dépression ou de troubles psychologiques sans jamais trouver de solution. En réalité, on flanque une étiquette à quelqu'un et on se débarrasse de lui en l'envoyant dans une des nombreuses consultations de psychologie. Si un patient décide de venir nous consulter pour régler un problème de comportement alimentaire ou de surpoids, je pense qu'il faut le laisser s'adresser à nous, et écouter son histoire. Quel est l'intérêt de diviser le traitement d'un patient ?

Quand j'étais jeune étudiant, j'apprenais mon métier de nutritionniste au contact de mes aînés, en suivant leurs consultations. La plupart de nos patients venaient pour entreprendre un amaigrissement, notre service de nutrition étant spécialisé dans tous les troubles des rapports entre l'alimentation et le corps, comme les problèmes de cholestérol, le diabète, l'anorexie, les maladies intestinales, etc. L'exercice me paraissait simple puisqu'il suffisait, en tout cas à l'époque, de leur donner un des nombreux régimes que nous avions en catalogue, selon leurs goûts alimentaires. Pourtant j'avais une consigne bien précise, à savoir ne pas donner de régime en cas de suspicion de problème psychologique. L'interdiction me semblait assez curieuse. Qu'est-ce que, véritablement, un trouble psychologique ?

En tout cas, à l'époque, j'ai suivi scrupuleusement la consigne en orientant mes patients vers un des psychologues, psychiatres ou psychanalystes de notre équipe. Déjà, d'ailleurs, nous expérimentions l'hypnothérapie avec des résultats trop aléatoires pour pouvoir la considérer comme une véritable assistance. Une fois adressé à un de mes collègues, il était très rare que je revoie mon patient. J'ai même pensé à l'époque qu'il s'agissait d'une stratégie pour les empêcher de suivre un régime. Jusqu'au jour où une de mes patientes est revenue à ma consultation. Elle m'expliqua alors que le psychothérapeute lui avait fait du bien, mais qu'elle n'avait toujours pas maigri. Elle conclut en disant : « Tant qu'à faire, j'aime autant discuter avec vous et en même temps faire un régime. » Cela m'a intrigué, au point que j'ai continué – malgré les consignes – à faire ce qu'elle m'avait demandé. Je lui ai donc prescrit des régimes tout en « discutant » avec elle mais, en réalité, je l'écoutais surtout et la laissais dérouler sa propre « pelote intellectuelle » ce qui lui permit de mettre au grand jour de très nombreuses problématiques. En réalité, je n'étais plus seulement son nutritionniste mais plutôt son psycho-nutritionniste. Je n'intervenais pas beaucoup, mais elle avait besoin de me raconter ses difficultés et moi, pendant ce temps, j'essayais de trouver le lien avec son absence de contrôle alimentaire. L'exercice était vraiment passionnant, d'autant qu'il y avait des relations entre le succès ou l'échec des régimes que je lui donnais et les événements qu'elle me racontait. Chaque fois que nous identifiions ensemble un nœud de conflit ou de douleur, il y avait une amélioration dans le suivi du régime. Cela m'a convaincu qu'on ne pouvait pas dissocier l'approche psychologique de la prescription des régimes. J'ai donc décidé, tout seul, de pratiquer cette technique qui consiste à rechercher les éléments de la vie, enfouis dans l'inconscient, qui nécessitent d'utiliser notre corps pour essayer d'éliminer, pour simplifier, des émotions mal gérées.

On ne peut pas insister sur la relation du psychisme avec l'appétit, le plaisir de manger, l'archaïsme des comportements alimentaires, et se contenter d'une simple prescription alimentaire pour régler un problème de prise de poids.

Bien sûr, des problèmes génétiques, physiologiques, métaboliques, physiques interviennent dans la prise de poids, et je ne les renie absolument pas. Mais comment se fait-il qu'une décision de maigrir puisse être contrariée parce qu'on n'arrive pas à maîtriser son comportement alimentaire ? Ce n'est pas vraiment un problème de faim ni d'appétit, puisqu'on arrive à rassasier les gens avec les régimes. C'est donc à l'évidence une décision psychique qui impose de manger. Ce geste de manger, permettant de retrouver un équilibre des plaisirs, est menacé par un trouble psychologique ou émotionnel.

J'ai donc fini par comprendre que le rapport entre la prise alimentaire et le corps était une forme de langage qu'il fallait essayer de décrypter, le but étant de mettre à jour la pensée inconsciente qui suscite la prise alimentaire. On ne pouvait plus se contenter de dire qu'il s'agissait d'une situation de névrose, de psychose, de dépression, de mélancolie, d'obsession pour déboucher sur une consultation psychologique, et abandonner la vraie demande de départ qui était de maigrir. De plus, le simple fait de maigrir améliore souvent le moral ou le psychisme des gens, qui lui-même en s'améliorant permet de mieux maigrir. En bref, il faut transformer un cercle vicieux en cercle vertueux.

C'est grâce à mes très nombreux patients, autant sur Internet qu'à ma consultation, que j'ai fini par identifier des profils récurrents. Vous allez les découvrir au travers des histoires que je vais vous raconter, qui sont toutes réelles. La plupart d'entre elles traduisent des moments douloureux ou des relations qui se sont formées entre l'alimentation et des événements de nature extrêmement variés.

L'enquête commence souvent en cherchant le point de départ de la prise de poids. C'est une investigation minutieuse car il faut faire la différence avec les prises de poids consécutives à des événements d'ordre organique, comme la ménopause, la puberté, les prises de médicaments, les déménagements… Dès qu'une date se précise, il faut essayer de se remémorer tous les événements qui se sont produits à cette période. Très souvent lorsqu'on remonte au tout début de vie, on retrouve une mauvaise interprétation d'une situation, d'une réflexion, d'un conflit, mais aussi parfois une relation construite entre l'alimentation et les sentiments. C'est ce que nous allons voir dans la première histoire, à titre d'exemple. J'insiste bien sur cette notion d'exemple, car tout événement, du plus petit au plus grand, est susceptible d'avoir le même effet. C'est au cours d'une réflexion ou d'une discussion qu'on arrive à mettre à jour et se remémorer des événements. On peut enfin renégocier les émotions et les sentiments que l'on a éprouvés à l'époque pour se délivrer d'un geste automatique, celui de manger pour oublier. Ce geste ne s'explique pas par un manque de volonté, mais plutôt par une force inconsciente qui permet à l'alimentation, ou à la déformation de son propre corps, de soulager une douleur psychique ou un conflit.

Le corps anniversaire/mémoire

Depuis cinq ou six ans, Marion[6] revient me consulter tous les ans à la même période, en général au retour des grandes vacances. Elle travaille dans le tourisme et même si j'ai plaisir à l'écouter me raconter ses aventures estivales et ses voyages au bout du monde, je manifeste mon agacement au cycle que nous connaissons tous les deux.

6. Pour des raisons de confidentialité, les prénoms ont été modifiés.

Elle perd 8 à 10 kg entre le mois de septembre et la fin de l'année et les reprend systématiquement entre les mois de juin et d'août. J'ai tenté plusieurs stratégies, sans obtenir de résultat : lui demander de revenir me voir systématiquement en juin, ce qu'elle n'a jamais fait ; lui faire des mises en garde à répétition ; la sensibiliser au fait que chaque reprise de poids rend le pronostic de plus en plus mauvais.

Je n'ai pas cherché à rentrer dans des discussions approfondies, car elle me semble épanouie. Marion est joyeuse, drôle et pétillante au point que, jusqu'à présent, je n'avais pas de raison de rechercher des éléments de détresse psychologique. Je mettais ses reprises de poids sur le compte d'une certaine forme de laxisme, propre à son âge et sa confiance en elle, jamais altérée par son léger surpoids. Jusqu'à ce jour, dernière tentative en date d'amaigrissement où, plus sombre, elle me dit que cette fois, ce sera plus difficile, car elle souffre beaucoup du décès récent de son grand-père. Je trouve curieux d'aller consulter un médecin pour entreprendre un amaigrissement, en sachant à l'avance qu'il sera raté, et en en donnant la raison. Je décide donc de la questionner plus en avant et elle me répond que son grand-père était veuf depuis 15 ans. (Voilà comment on récupère un bout de piste, juste en écoutant et en laissant parler les gens.) Je sais que cela peut ne déboucher sur rien, ce qui arrive parfois, mais l'association des deux m'a semblé assez significative. Elle me raconte alors son passé.

« Enfant, j'allais régulièrement passer les vacances du mois de juillet chez mes grands-parents, au bord de l'océan Atlantique. Grand jardin, grands-parents affectueux, repas de qualité, liberté de jouer à ma guise : ça a été des moments forts, de joie et d'insouciance. Mais mes dernières vacances m'ont marquée pour une tout autre raison : ma grand-mère est décédée pendant mon séjour. Je n'ai jamais su de quoi, car elle a été retrouvée au pied de l'escalier, sans que les médecins puissent déterminer si c'était l'hémorragie cérébrale qui l'avait fait chuter ou la chute qui avait provoqué une hémorragie cérébrale fatale. Cela a déclenché une dépression profonde chez mon grand-père. Mes parents et moi avons décidé de me laisser passer la fin des vacances chez mon grand-père pour tenter de lui remonter le moral, mais aussi en raison de contraintes professionnelles de mes parents qui ne pouvaient pas me garder. Ça a été une période de grande tristesse et s'il n'y avait pas eu les voisins de mon grand-père, la situation aurait été extrêmement mélancolique. Ces voisins sont deux grands gourmands, chez qui nous avons pris régulièrement notre repas, pendant cette longue période de deuil. Ça a été les meilleurs moments du séjour, y compris sur le plan culinaire, car la nourriture était très bonne mais très, voire trop, riche ; j'ai pris 5 kg en un seul mois. Pendant quelque temps, j'ai même cru que j'étais

> responsable de la mort de ma grand-mère car, au lieu de rester à la maison, j'étais partie jouer avec des amis. Si j'étais restée auprès d'elle, peut-être aurais-je pu appeler les secours, l'empêcher de tomber. Ce sont d'ailleurs les voisins qui m'ont aidée à me débarrasser de cette idée, mais au fond, qu'en savaient-ils ? Ils ont fait comme on fait avec tous les enfants, ils m'ont protégée… »

Son récit montre bien que la période des vacances reste douloureuse pour elle. Elle en a une mémoire très vive : c'est une date souvenir. Qu'elle imagine, encore aujourd'hui, être responsable de la mort de sa grand-mère signifie qu'elle ne s'est jamais réellement détachée de la culpabilité qu'elle a conservée au plus profond d'elle-même. Elle a créé une association, une confusion entre le chagrin, la culpabilité et la nourriture gourmande qui fait grossir, celle qui nous fait tout oublier. Indéfiniment, elle répète le même schéma : chaque été lui rappelle l'événement et quand la culpabilité se réveille dans son inconscient, elle l'anesthésie en reproduisant les mêmes gestes, en mangeant plus que d'habitude et plus gras, comme les voisins d'alors. C'est le schéma construit dans l'enfance qui pose problème, car il n'a jamais vraiment été résolu.

Une fois qu'on refait le chemin à l'envers, Marion accepte le fait que, enfant, elle n'aurait pas pu sauver sa grand-mère, quel que soit le diagnostic. Plus jeune, elle ne pouvait pas faire ce travail de réflexion et elle faisait semblant de croire les aimables voisins, sans jamais avoir été convaincue. À ce stade, le simple fait de déchirer le voile suffit en général à améliorer la situation. Comme elle a construit une séquence dont elle a pris l'habitude, il faudra lui répéter fréquemment pour annuler ce qui est devenu un rituel. Voilà pourquoi nous avons convenu de nous revoir systématiquement pendant le mois de mai pour en parler et faire de la prévention. Nous avons cassé le système de défense complexe qui s'était bâti en le mettant à jour.

Ce travail, chacun de nous peut le faire à condition d'essayer de se souvenir le mieux possible de tous les événements de la période de la première prise de poids. Ce fameux corps souvenir est excessivement fréquent : deuil, traumatisme profond, accident, peur… L'association entre la prise de poids et le souvenir des événements est une forme de langage qui permet de revivre l'événement au travers des modifications corporelles sans utiliser la parole.

Chaque période de la vie où se produit un traumatisme, de quelque nature qu'il soit – j'insiste sur le fait qu'il peut être aussi léger que violent –, entraîne une répétition des sentiments perçus à cette époque. La nourriture étant un formidable moyen d'oublier, une prise alimentaire majorée pour tamponner la répétition est la source de la prise de poids.

Le corps électrique/tension

Voilà une autre des situations parmi les plus fréquentes, que j'ai rencontrées des centaines de fois dans mon activité. Le cas de Sandrine est particulièrement parlant. Elle dirige un grand laboratoire d'analyses biologiques, elle a 50 ans, elle est divorcée et elle vit avec sa fille. Elle suit à la lettre les consignes alimentaires que je lui ai données, mais seulement jusqu'à 18 h car à peine arrivée à la maison, une envie de grignoter irrésistible la saisit.

J'essaye d'abord tout l'arsenal usuel ! Je lui donne successivement des grignotages sucrés à base de pain et de chocolat, puis un mini-sandwich avec du fromage, des yaourts et des fruits, tout cela en ajustant le régime proportionnellement à ces différents grignotages. Bien qu'elle consomme tout, cela ne satisfait toujours pas son besoin de manger et elle continue avec tout ce qu'elle peut trouver dans les placards. Une fois le repas fini, ça recommence. Elle s'endort parfois devant la télévision et quand elle se réveille, elle remange de nouveau, au point que sa fille prétend qu'elle est somnambule ! Ce n'est pas trop grave car elle ne grossit pas, mais malgré tous les efforts de la journée, elle n'arrive pas à perdre du poids. Elle me décrit en détail son activité journalière.

> « Quand je me réveille le matin, j'ouvre mon téléphone pour connaître le planning de la journée. En cette période, il est particulièrement chargé, attestant des difficultés que je vais rencontrer. Si

je n'ai pas fait les courses, il n'y a rien à manger au petit déjeuner, ce qui m'agace prodigieusement – ma fille pourrait s'occuper un minimum du fonctionnement de la maison ! Une fois arrivée au travail, je perds un temps infini à trouver une place pour garer ma voiture. Un jour sur deux, j'ai une contravention, car je n'ai pas toujours le temps d'aller payer mon parking. Ensuite, je dois souvent trouver un remplaçant ou une remplaçante à un de mes laborantins car en période d'infection virale, on tombe malade souvent. Personne ne s'est occupé des fournitures. Il manque du papier. Il faut que j'appelle un fournisseur. La lumière dans mon bureau ne fonctionne pas bien, il faut que j'appelle un électricien. Un client du laboratoire est furieux, il demande à me voir. Il passe sa colère sur moi, pendant que je tente de trouver une solution. En plus de tout ça, il faut que je m'occupe de mon régime. Je dois manger ce midi un demi-pamplemousse, deux à trois œufs avec une assiette de légumes, un yaourt et un fruit. Trop compliqué, je n'ai pas le temps aujourd'hui ! Je me contente des œufs durs et d'un fruit. Je n'ai pas faim jusqu'à la fin de l'après-midi car l'activité me fait tout oublier. Le téléphone est saturé et les résultats n'arrivent pas assez vite. J'ai tout le monde sur le dos : les secrétaires sont débordées, le propriétaire du laboratoire ne veut rien comprendre, les clients… Ma fille m'apprend qu'elle

> a raté ses examens. Il est 18 h, j'ai réussi à tout organiser et finir mon travail. Je prends ma voiture mais à cause des embouteillages, je mets un temps infini à rentrer chez moi… »

Faites le compte : elle a reçu des décharges électriques sans arrêt, tout au long de la journée. On appelle ça banalement du stress, mais ce sont des mini-stress répétitifs qui provoquent la montée d'une tension progressive dans son corps. Il faut désormais relâcher cette tension, juste au moment où je lui demande de continuer ses efforts en organisant maintenant un repas, pas forcément aussi agréable qu'elle le voudrait. Pour se détendre, elle va simplement utiliser la nourriture comme un médicament. En mangeant, elle éprouve du plaisir car elle sécrète ses propres opiacés, des endorphines, et va donc lâcher toute l'électricité qu'elle a accumulée. De temps en temps, un appareil nous lâche car il y a eu une surtension, par exemple à cause d'un orage violent. Le corps humain, c'est la même chose. Parfois il est en surtension émotionnelle, mais comme il ne disjoncte pas, il utilise un système pour relâcher cette tension : la nourriture. L'histoire de Sandrine est un cas extrême, mais elle peut se reproduire à l'infini avec parfois plus ou moins d'incidents dans la journée. La solution est toujours la même pour chacun. Tabac, médicaments, alcool, tout ceci sert au même titre que la nourriture à apaiser ou euphoriser. On peut avoir l'impression que la nourriture fait moins de dégâts, mais elle est plus insidieuse car le simple fait de ne pas pouvoir contrôler son comportement alimentaire entraîne souvent une perte de l'estime de soi et des modifications corporelles évidemment.

Quelle solution pour Sandrine ? Inutile de tomber dans la facilité en lui disant, comme à l'accoutumée, de penser à elle et de laisser un peu tomber son travail. Elle ne le fera pas car souvent, le quotidien s'impose à nous. Pour le moment, il faut l'empêcher de grossir, lui faire vider ses placards, l'inciter à cuisiner pour qu'elle ne tourne pas en rond quand arrive le soir, lui lâcher la bride alimentaire de temps en temps, l'empêcher de culpabiliser, attendre patiemment et lui donner des repères alimentaires pour lui apprendre à équilibrer son alimentation. On finit toujours par trouver l'instant propice qui permet de mettre en place un régime, qui deviendra le starter de son véritable amaigrissement.

Réfléchissez à votre situation et regardez comme la vie de tous les jours nous soumet à cette pression.

Le corps douleur/refuge

Cette boîte de mouchoirs posée en permanence sur mon bureau est un symbole de toutes les douleurs que j'ai pu entendre et des pleurs qui ont accompagné leur récit. Parce que, quand on s'occupe du poids des gens, on parle de leur vie, on découvre des événements inavoués, des complexes jamais dits, des douleurs du passé ou du présent. Or le mot corps est proche du mot cœur et c'est bien souvent chez un nutritionniste qu'on finit par révéler ce qui peut perturber une vie. On frictionne la tête d'un enfant s'il reçoit un coup, on pose un cataplasme sur un genou malade. Il en est de même avec le corps : on peut le déformer, l'épaissir de graisse pour s'en servir comme d'un pansement. Voici deux histoires pour vous éclairer.

Cécile est une femme de 50 ans qui vient me voir pour perdre du poids. En réalité, ce n'est pas son propre désir mais celui de ses parents qui la harcèlent en permanence, lui reprochant de « ruiner sa santé ». En fin de consultation (c'est en général le moment où se révèlent les plus grands secrets), en sortant son portefeuille, elle m'explique qu'elle a été mise sous curatelle par son père avocat et qu'elle est obligée de lui demander de l'argent en espèces pour chacune de ses dépenses. Je lui demande des détails. Elle me raconte que, depuis l'adolescence, elle n'a jamais pu manifester son opposition à cette situation par peur de sa famille. Mais pourquoi ? La curatelle n'est pas une tutelle et on ne peut la prononcer sans l'accord de la personne en question. Elle m'en explique la raison.

> « Le psychiatre, un ami de mes parents, n'a jamais pris le temps de discuter avec moi. Il a simplement exécuté la volonté de ma famille sans prendre la peine de vérifier quoi que ce soit. En raison de mes mauvais résultats scolaires, mes parents étaient persuadés que j'avais un retard intellectuel qui pouvait me mettre en péril mais surtout, mettre en péril l'argent de la famille ! Je me suis laissée

faire à l'époque et je le regrette bien aujourd'hui. Mon mari trouve la situation confortable car mes parents sont généreux avec nous et nous aident financièrement. Il ne veut donc rien changer et surtout pas provoquer les parents en faisant supprimer la curatelle. De toute manière, mes parents m'ont toujours tenu avec l'argent et ne se sont jamais intéressés à moi. La seule personne qui les intéresse, c'est ma sœur. Elle reprend le cabinet d'avocat de mon père, elle réussit tout, et son mari est devenu le fils de la famille. Je n'ai pas d'enfant, mais cela vaut mieux car je n'aime pas mon mari. Vous vous demandez pourquoi je l'ai épousé ? Mais pour m'en aller de chez mes parents ! Mon enfance n'a pas été très heureuse. Je n'étais pas jolie, je ne réussissais pas en classe. J'étais écrasée par la présence de ma sœur, courtisée par mes camarades, brillante scolairement et choyée par nos parents. J'ai toujours été grosse car, de toute façon, personne ne s'intéressait à moi. »

Cette phrase me révèle une forme d'abandon de sa part et des douleurs qui se sont apaisées autant grâce au plaisir alimentaire que par la nécessité de se faire grossir. À l'époque, elle avait l'impression que grossir était le seul moyen de recueillir de l'attention de la part de ses parents, ce qu'elle souhaitait le plus, comme tout enfant. Encore aujourd'hui, malgré sa colère et le rejet objectif de ses parents, elle ne peut s'empêcher de rester dépendante affectivement. Elle a passé toute sa vie à rechercher l'affection de ses parents, qui n'ont su la donner qu'à leur autre fille. La curatelle qu'elle a acceptée, qu'elle refuse aujourd'hui, c'était un cordon ombilical qu'elle conservait avec sa famille.

Au bout de quelques consultations, elle m'explique que ça lui fait du bien de parler mais qu'elle ne croit pas du tout à cet amaigrissement, bien qu'elle tienne à continuer à venir me voir. Cependant, elle ne grossit plus et, même, commence à perdre légèrement du poids. Peut-être en partie car je lui avais proposé d'espacer nos rendez-vous pour ménager ses finances, alors qu'en maigrissant, elle assure la pérennité de nos rencontres qui deviennent hebdomadaires. Elle m'explique que c'est la première fois qu'elle ose parler et dénoncer le traitement dont elle fait l'objet de la part de sa famille et refuse pour la première fois d'aller célébrer Noël chez ses parents. « Pourquoi accepter encore toutes ces réflexions, me sentir humiliée par ma sœur et me pourrir cette fête dans une ambiance qui m'oppresse ? » Ses parents, stupéfaits, demandent à son mari d'intercéder. Cécile maintient sa position, ce qui les déstabilise. Jamais, jusqu'à présent, elle n'a manifesté d'opposition. Sa parole se libère et elle leur partage son sentiment qu'ils ne l'ont jamais aimé. Elle leur annonce qu'elle va demander la levée de sa curatelle, après s'être assurée auprès de moi qu'elle pouvait entamer les formalités, sans craindre que son père avocat ne puisse faire pression comme à l'époque où elle était enfant. À mon tour d'en prendre pour mon grade, car le père comme la mère sont convaincus que je suis l'initiateur de cette révolution et me harcèlent pour obtenir ce qu'ils veulent de leur fille. Cécile s'épanouit de plus en plus, se lâche, me raconte toutes les petites histoires de famille qui ne sont pas glorieuses. Elle qui était crispée, contrariée, devient enjouée et même drôle. Elle se met à maigrir, s'achète de nouveaux vêtements, change de coiffure. En quelques semaines, j'ai une autre femme devant moi. Débarrassée d'un ensemble de douleurs qu'elle traîne depuis son enfance, ayant fait le ménage dans sa tête, elle déchire le voile et va désormais vivre sa vie. Elle entame seule, avec le concours d'un avocat que son père ne connaît pas, de faire lever sa curatelle. Elle continuera à voir ses parents car ils vieillissent, mais quand elle le décide, et elle se sent prête à assumer son rôle de fille.

L'amaigrissement n'a été qu'un prétexte pour se débarrasser du poids qu'elle portait, qui était moins physique que moral et psychologique. Je vous invite à réfléchir sur le fait qu'on peut se débarrasser d'un poids au sens le plus large du terme. Prendre du poids ou porter un poids peut sembler identique mais ne signifie pas toujours la même chose, même si l'un fonctionne avec l'autre. On peut perdre du poids et se débarrasser d'une douleur, comme on peut porter une douleur et la symboliser par une graisse qui devient alors un outil de protection. Chaque personne qui veut maigrir doit se questionner sur les avantages qu'elle retire émotionnellement à perdre du poids mais aussi sur l'histoire qui a pu la faire grossir ou la pousser à utiliser la prise de poids pour se soulager. En l'occurrence, Cécile n'était pas aimée, elle en souffrait. Elle a fabriqué un personnage non aimable, presque pour justifier l'attitude de ses parents. Il y avait un tel paradoxe entre l'amour qu'un parent doit porter à son enfant et celui dont elle manquait, qu'elle s'est sentie obligée de le justifier elle-même en se dégradant le plus possible. Elle était rejetée par une famille qui n'en a pris conscience que lorsqu'elle s'est révoltée.

Épilogue de l'histoire, j'ai fini par rencontrer les parents. Je n'ai pas eu besoin d'être moralisateur avec eux. Ils se sont décidé à faire leur propre examen de conscience et ont compris que Cécile était leur enfant, quelle que soit l'opinion qu'ils avaient sur elle.

La seconde histoire est extrêmement récente. Je soigne le frère de Zohra pour une obésité morbide (170 kg pour 1,85 m) et ça se passe plutôt bien. Je la reçois à son tour sur la recommandation de mon patient. 42 ans, obésité sévère, divorcée, elle ne travaille pas en ce moment, sans raison précise.

> « Depuis mon divorce, je vis avec mes parents et mon frère. Mon mari s'est séparé de moi en raison d'un problème d'infertilité qu'il m'a reproché. Je l'aimais, je désirais avoir des enfants, mais mon rêve s'est écroulé. Pas d'enfant, pas de mariage, telle est la règle. Ma vie s'écoule donc entre le ménage, la préparation des repas et la télévision.

> C'est la place des femmes dans ma famille... Mes parents ne disent rien, mais je sens bien leur regard. Je dois veiller sur eux et sur mon frère, c'est la tradition. Et puis, il n'est pas marié et c'est lui qui assume la famille. Il faut qu'on lui soit reconnaissant, comme disent mes parents. Je suis obligée de l'attendre tard le soir quand il rentre du travail, pour lui préparer son repas. »

Son frère, très aimant à son égard, m'explique qu'avant la survenue de tous ces problèmes, sa sœur était mince. C'est une précision importante car elle permet de dater le début de la prise de poids et de confirmer son lien avec le divorce et l'infertilité. Elle a continué à grossir par la suite, probablement à cause de sa vie auprès de ses parents et de son frère. Non seulement elle assume toutes les tâches ménagères de la famille, mais elle doit vivre sa propre souffrance en solitaire. Elle conclut notre entretien en me disant : « Je porte trop de poids. » Le poids dont elle parle n'est pas celui de son corps mais celui de sa famille, celui de sa tradition et celui de sa douleur personnelle. L'excès de poids est à la fois la conséquence d'un transfert psychanalytique avec le poids de sa vie personnelle et aussi une façon de se consoler et de se protéger par une couche de graisse. Pour elle, maigrir ne signifiera pas seulement perdre du poids. Comme dans le témoignage précédent, si elle y parvient, elle sera probablement tentée de modifier sa vie. De la même façon, si elle modifie sa vie, elle pourrait probablement maigrir. C'est le travail que je vais entreprendre avec elle dans les mois à venir. Le but n'est pas toujours de perdre du poids, mais surtout de renouer avec le bonheur, et de vivre sa vie à sa guise. Lorsqu'un régime permet d'obtenir ce résultat, on ressent alors beaucoup de satisfaction.

Le corps transfert/fantasme

J'ai aussi remarqué que le corps pouvait devenir un moyen d'exorciser une peur ou de réaliser un fantasme. Découvrir de quoi il s'agit permet d'empêcher l'esprit d'agir sur le corps pour le transformer et le déformer.

Je vais prendre pour exemple l'histoire de Virginie. Elle a 38 ans, s'est mariée il y a quatre ans.

> « – Malgré un univers professionnel épanouissant, un mari vraiment charmant, pas de souci particulier de vie, je ne suis pas comblée car je n'arrive pas à tomber enceinte. Il y a 2 ans, pour favoriser une grossesse, j'ai d'ailleurs suivi des traitements hormonaux qui m'ont fait grossir. Mais j'ai reperdu en l'espace de deux mois les 6 kg que j'avais pris. Puis la nouvelle est tombée comme un couperet : je ne pourrai jamais tomber enceinte en raison de plusieurs facteurs pour lesquels il n'y a aucune solution connue. Mon mari n'a pas été bouleversé par cette annonce, il m'assure que seul notre amour a de l'importance. Il est tout à fait d'accord pour tenter une adoption. Il est très optimiste et

est sûr que de nouvelles avancées scientifiques ne tarderont pas. En bref, un mari parfait ! Mais plus il est parfait, plus je me sens imparfaite. Et depuis, je n'ai pas cessé de prendre du poids. Je suis complètement incapable de contrôler ma prise alimentaire alors que je connais parfaitement les règles de la diététique. En fait, je me sens mieux dans mon corps avec cette graisse, sinon je pleurerais toute la journée. Mais puisque je suis aussi grosse, moins désirable, mon mari devrait me quitter. Sinon je vais le faire !

– Mais vous le souhaitez ?

– Pas du tout, c'est l'homme que toutes les femmes rêveraient d'avoir !

– Et lui, quelle est sa réaction ?

– Rien ne le gêne. Il m'aime comme je suis !

– Alors vous allez le quitter pour lui rendre service ?

– Mais pas du tout, de toute façon il m'aime quand je grossis ! C'est ma contradiction : je me sens bien quand je suis grosse et, avec ce corps, je me dis que je ne mérite pas d'être aimée par lui.

– Grosse comme dans le cadre d'une grossesse… »

J'ai lâché ces mots de façon spontanée. Interloquée, elle a hoché la tête, surprise par ce que cela voulait dire. Elle se rendait compte, en même temps que moi, qu'elle avait mimé une grossesse en prenant du poids.

Voilà le type de transfert psychologique que l'on peut faire. Elle a tenté d'éteindre sa culpabilité en étant grosse, comme dans le cadre d'une grossesse fictive. Elle disait que son mari devrait la quitter, mais ce n'était que des mots de dépit car elle ne le souhaitait pas. Elle essayait de trouver une solution comparable à la grossesse pour tenter de le satisfaire. En fait, elle avait transféré son fantasme de grossesse sur son corps mais d'une façon artificielle, en utilisant un surplus de graisse. Un peu comme une couverture que l'on jette pour cacher un objet quc l'on ne doit pas voir.

Pour vous donner la suite heureuse de cette histoire, Virginie a finalement accepté de ne jamais tomber enceinte et a maigri de façon très simple. Assez bizarrement, libérée de son obsession de ne pouvoir avoir un enfant, l'année suivante, elle est tombée enceinte de façon naturelle. C'est un des miracles de la nature. Malgré les prévisions de certains médecins, il arrive parfois que l'esprit libre et le corps épanoui, la grossesse survienne de façon inattendue. Je l'ai suivie pendant toute sa grossesse, car elle avait peur de prendre trop de poids et de gêner l'accouchement. Tout s'est bien passé !

Je vais partager avec vous une autre histoire où le corps est utilisé comme une forme de langage. Pierre, jeune lycéen, est venu en consultation pour une prise de poids très rapide. Je le connaissais déjà, car sa maman l'avait amené pour un problème de gynécomastie 3 ans auparavant. Pour rappel, il s'agit de l'apparition de seins chez un jeune garçon ou un adolescent, qui peut avoir plusieurs origines : hormonale, prise de graisse ou morphologique quand il s'agit d'un caractère génétique hérité. En l'occurrence, à l'époque, il s'agissait d'une petite prise de poids associée à très peu d'exercice physique et d'une morphologie plus gynoïde qu'androïde. Le traitement était relativement simple : un régime très modéré et de la musculation sous le contrôle d'un entraîneur. Mais cette année, depuis son entrée au lycée, il a pris 15 kg en l'espace de 3 ou 4 mois. Je suppose qu'il mange en cachette (ce qu'il ne veut pas m'avouer), puisque sa mère me garantit que tous les repas qu'elle lui prépare sont identiques à ceux qu'il prenait auparavant. La prise de poids est d'autant plus apparente qu'il n'a pas beaucoup grandi depuis notre dernière consultation, il y a environ un an. Quand je lui propose de l'examiner, il refuse catégoriquement. Il faut l'insistance de sa mère et ma promesse de respecter sa pudeur pour avoir le droit de procéder à un examen simple. La gynécomastie a progressé avec une poitrine assez importante, conséquence de la forte prise de poids. Avec les précautions d'usage, l'examen de son pubis ne montre pas la pilosité habituelle à cet âge. Je ne vais pas plus loin pour ne pas le choquer mais je me rends compte, au travers de son sous-vêtement, que la taille du pénis n'est également pas correspondante à son âge. Il ne va jamais à la piscine, refuse d'aller dans les vestiaires avec des garçons de son âge, s'habille tout en noir pour essayer de gommer ses rondeurs. Sa mère, une femme sympathique et ouverte, s'inquiète auprès de moi de l'avoir vu mettre du vernis sur ses ongles : « Il a peut-être peur de nous avouer son homosexualité, ce qui ne poserait de problème ni à son père ni à moi. » Elle me propose donc de rester un peu discuter avec lui, pour avoir plus d'explications. C'est un enfant intelligent qui a un bon contact avec moi. Aussi notre conversation s'engage très vite, en particulier sur la possibilité d'une intervention pour guérir l'arrivée de cette poitrine, sans jamais parler d'amaigrissement. Je lui pose la question la plus simple du monde :

> « – As-tu une petite amie ?
>
> – Évidemment que non, c'est totalement impossible avec mon physique. J'aimerais bien, comme tous les garçons de ma classe, mais aucune fille ne voudra de moi. Même les garçons me méprisent à cause de mon sexe. Les rares fois où j'ai été dans les vestiaires, je me suis fait humilier. C'est vrai que mon sexe a la taille de celui d'un bébé, en comparaison à ceux des autres lycéens. En définitive, peut-être que je suis une fille ratée.
>
> – C'est pour ça que tu essayes le vernis de ta mère ?
>
> – Oui, si je suis une fille, je dois apprendre à me comporter comme une fille. »

Je propose un diagnostic hormonal, car certaines modifications chromosomiques pourraient donner ce type de manifestation. Même si je n'y crois pas, il a besoin de voir les résultats noir sur blanc. Ces examens biologiques confirment qu'il est un homme et non pas une femme, mais nous indiquent aussi une puberté retardée avec une insuffisance de testostérone. Il me demande s'il va être possible de faire disparaître ses seins et de retrouver un pénis de taille adulte, ce sont ses obsessions. Il ajoute : « Il y a deux possibilités : ou on ne le voit plus, ou on le voit vraiment. » C'était cela la clé. En réalité, sa prise de poids correspondait à l'interrogation qu'il avait d'être ou de n'être pas une femme. C'est une question à laquelle il avait répondu de façon inconsciente en grossissant de façon à enfouir son pénis sous la graisse. En effet, il était d'une taille « normale » par rapport à un stade prépubertaire, mais on ne le voyait pas car il était recouvert par la graisse pubienne. En provoquant ce mécanisme, l'absence de pénis et la prise importante d'une poitrine suffisaient à lui faire imaginer qu'il était une femme. Naïvement, il tentait de compléter le tableau avec le vernis à ongles de sa mère. La suite a été assez compliquée, car il a fallu jongler avec les injections d'hormones pour provoquer sa puberté, sans le faire grossir, puis l'amener à faire de la musculation pour tenter d'améliorer sa morphologie, puis le faire maigrir. Cependant, il avait tellement souffert de sa situation qu'il accepta tout ce qu'on lui demanda. Une opération de la poitrine lui permit aussi de se libérer de ses anciens complexes. Je ne suis pas sûr qu'il ne regrossira pas, car il restera une trace cellulaire de son surpoids. En tout cas, il s'agissait de lui faire retrouver sa stabilité et l'estime de lui-même. C'était la seule façon de lui rendre une vie agréable, quel que soit son poids.

L'amaigrissement aura été le symbole de sa guérison et non pas la raison de sa guérison.

On retrouve également assez fréquemment des problématiques sexuelles entraînant des prises de poids. Les viols, les tentatives de viol, les attouchements sont des traumatismes violents à la suite desquels beaucoup de victimes utilisent la prise de poids à titre répulsif. Le désir sexuel des coupables qui semble être, pour la victime, la motivation à cette violence peut être combattu de façon inconsciente en se déféminisant. Le poids exerce alors une double fonction, celle de supprimer l'attraction physique, et celle de se protéger de l'agression en instaurant une distance entre le corps intime et le criminel.

La perception imaginaire d'un attouchement, voire de l'inceste, est plus compliquée à identifier. C'est ce qui est arrivé à Clara lors du décès de sa mère. Au début, j'ai cru que la prise de poids correspondait à la douleur de la perte d'un être très cher, mais je faisais fausse route. Son père et moi avions mis sur le compte du chagrin l'agressivité qu'elle développait à notre égard. Il était impossible de poser le moindre stéthoscope sur son thorax, de lui demander de soulever son pull. Je mettais cela sur le compte de la pudeur et la taquinais jusqu'au jour où sa réaction a été extrêmement brutale : « Vous êtes comme tous les autres, vous avez envie de me voir à poil ou de me tripoter. » Les bras m'en sont tombés et je lui ai demandé de m'expliquer pourquoi elle disait cela. J'ai commencé par lui rappeler que j'étais soumis à des règles déontologiques, que j'étais marié, que ça ne m'intéressait pas. Jusqu'au moment où j'ai fini par comprendre que ce n'était pas le sujet et qu'il fallait s'intéresser surtout à sa réaction. Elle m'a avoué qu'elle avait peur, depuis la mort de sa mère, que son père rentre dans sa chambre une nuit pour la caresser et qu'elle pensait que tous les hommes étaient pareils. En réalité, elle avait été conditionnée par une émission de télévision dans laquelle une jeune femme avait témoigné de l'inceste dont elle avait été victime à la suite du décès de sa propre mère. Elle s'était identifiée à cette histoire et avait fabriqué une histoire imaginaire. Là encore, la prise de poids a été un système de conversion qui lui permettait de s'imaginer qu'on se rend moins désirable quand on grossit et qu'on peut se protéger avec la graisse.

Les histoires de ce genre sont beaucoup plus difficiles à résoudre, car il n'y a pas d'événement à proprement parler mais une interprétation, comme un fantasme négatif. C'est la fréquence de ce type de situation qui permet en général de les dépister. En remontant à ce niveau de compréhension, on peut parfois faciliter la mise en place d'un régime. En l'occurrence, Clara, rassurée, a maigri de façon très simple, et éliminé ce qu'elle aurait pu traîner tout au long de sa vie sans que jamais personne ne s'en rende compte. Car plus tôt on fait ces diagnostics et plus on a de chances de ne pas conserver de séquelles.

En finir avec le cercle vicieux de la prise de poids

Ces quatre grandes situations sont en quelque sorte des moteurs de recherche. Si on n'a pas à cœur d'enquêter sur les situations qui ont provoqué la prise de poids, on part vers un cycle infernal. Plus on s'écarte de l'événement dans le temps, plus il est difficile à identifier. Trouver des événements qui se sont produits plusieurs décennies auparavant demande une véritable introspection. Le parcours classique consiste à se contenter de suivre un régime, qui probablement échouera, puisqu'on n'a pas cherché les raisons d'avoir grossi. Par la suite, on va reprendre un autre régime en mettant tout sur le compte de l'alimentation, alors qu'il fallait chercher la cause de la prise de poids et non pas les conséquences, qui sont les modifications du comportement alimentaire conduites par notre psychisme. Chaque échec entraîne de la culpabilité qui amplifie les souffrances et donc fait grossir encore plus. Jusqu'au moment où la résignation engendre une perte de l'estime de soi qui intensifie encore les mécanismes de la prise de poids. En effet, les phénomènes psychiques s'associent aux phénomènes physiques et il est très important de réussir le premier régime pour ne pas rentrer dans ce cercle vicieux. Nous avons déjà vu que les prises de poids à répétition suivies de pertes de poids sont responsables d'une augmentation du surpoids et d'une plus grande difficulté à maigrir, mais cette fois pour des raisons complètement organiques.

Quelques exemples en plus

Les situations personnelles sont très variées. Vous vous retrouverez peut-être dans les quatre grandes catégories développées dans ce chapitre, qui sont les plus fréquentes, mais chacun de nous a son histoire propre. Voici encore quelques exemples brefs de prises de poids.

Cancer et corps fantasme

Lorsqu'une personne de notre entourage est atteinte d'un cancer, il est très fréquent qu'elle maigrisse. La peur de sa propre mort associée à la douleur de perdre un être cher peut provoquer un réflexe de surconsommation. En effet, dans la rumeur populaire, le cancer est fortement associé à l'amaigrissement. Certains d'entre nous vont penser qu'en grossissant, ils se mettent à l'abri de cette maladie. Pour lutter contre la peur de mourir, la prise de poids sera un témoignage de notre « bonne santé », en tout cas inconscient. Il s'agit là d'un corps fantasme.

Harcèlement et corps défense

Lorsqu'un enfant prend du poids, les parents le conduisent souvent chez le nutritionniste. Or, lorsqu'il est persécuté par ses camarades à l'école, ou bien, désormais, sur les réseaux sociaux, cette prise de poids est en réalité un signal, un mode de défense contre la détresse. Évidemment, on ne peut pas se contenter d'un simple régime et il faut mettre à jour le problème. On est dans le cadre d'un corps défense, pour limiter la douleur.

Pression scolaire et corps électrique

Il est extrêmement fréquent d'être consulté par des étudiants qui déclarent avoir pris du poids pendant la préparation de leurs examens. Il y a évidemment le phénomène de la sédentarité et de l'ennui dans un univers fermé, abondant en nourriture comme le sont toutes les maisons d'aujourd'hui. Mais cette jeune fille ou ce jeune homme sont soumis à une forte pression du travail et de l'inquiétude de la réussite aux examens. Ils sont dans le cadre de ce corps électrique soumis à une forte tension.

L'alimentation, reflet de notre état d'esprit

Le but de ce chapitre est de vous faire comprendre qu'au-delà des problèmes physiques, il existe des situations où la nourriture n'est que le reflet de notre état d'esprit. On peut se confier à un médecin, mais on peut aussi commencer à faire sa propre analyse pour trouver des pistes. Il serait trop simpliste de constater qu'on a grossi et de vouloir maigrir avec un régime. L'acte de manger est loin d'être seulement alimentaire, il est le reflet de nos émotions, de nos sentiments, de notre passé, de notre appartenance à une lignée… Vouloir le réduire à un simple contrôle alimentaire ne conduit pas à la réussite.

Un petit mot aux parents qui tentent de faire maigrir leurs enfants en les confiant à un nutritionniste. On ne peut faire maigrir que quelqu'un qui en a le désir. Très souvent, les enfants acceptent d'être conduit chez le médecin, mais savent pertinemment qu'ils ne suivront aucune des recommandations. Notre rôle consiste à patienter jusqu'à révéler la motivation chez l'adolescent, s'il y en a une. Il faut également rappeler aux parents que les enfants sont des personnes à part entière et qu'on doit les accepter tels qu'ils sont et surtout surveiller, malgré leur défense, leur bon équilibre psychologique.

C'est un peu la même chose avec certaines personnes qui veulent maigrir, sans succès, et qui consultent encore et encore des médecins, alors qu'en réalité, elles ne s'impliquent pas. Il s'agit alors d'un double langage. Cela permet souvent de justifier au regard des autres un désir de changer son corps, sans qu'on en ait vraiment envie et sans avoir envie de l'avouer également, donc en s'exonérant de sa propre responsabilité.

Voilà pourquoi avant d'aborder la méthode Cohen à proprement parler, je tenais à ce que vous ayez toutes les clés de la réussite ou éventuellement de la future réussite. Il n'y a pas d'heure précise pour maigrir, il faut le faire quand on est prêt.

DEVENEZ UN MINI-NUTRITIONNISTE : PASSER DES ALIMENTS AU RÉGIME

Tout le monde attend d'un régime qu'il fasse maigrir. Monsieur de La Palice ne dirait pas mieux. Et on parle toujours de restriction calorique, comme si c'était le seul élément qui permettait de maigrir. En réalité, pour maigrir correctement, on doit alimenter les différents compartiments du corps, faute de quoi il peut, peut-être, y avoir une perte de poids sur une balance, mais pas forcément une perte de graisse. Le maintien en bonne santé est capital et il est indispensable d'en tenir compte dans l'élaboration d'un régime, en respectant les bonnes règles de fonctionnement d'un organisme humain qui dépend de tout ce que les aliments nous apportent, du plus petit oligoélément au plus grand des macronutriments, que ce soit des lipides, des glucides ou des protéines.

Enfin, au moment de la stabilisation (que nous développerons dans la partie suivante), il sera important de reprendre pied avec une alimentation équilibrée. Au cours du régime, il faudra donc apprendre les paramètres qui faciliteront le mieux cette stabilisation.

Dans ce qu'on appelle ma « méthode », la stratégie consiste bien sûr à faire maigrir les gens mais également à les maintenir en bonne santé et préparer le terrain pour les stabiliser.

Les proportions nutritionnelles

Manger est un acte spontané, que nous accomplissons en fonction de critères qui nous ont été appris dès l'enfance. Lorsque nous n'avons pas de problème de poids, nous ne nous amusons jamais à comptabiliser les protéines, glucides et lipides que nous absorbons. Cependant, ces proportions ont leur importance pour garantir une alimentation équilibrée. Depuis plusieurs années déjà, nutritionnistes et épidémiologistes tentent d'évaluer quels sont les rapports nutritionnels les plus adaptés à notre mode de vie. Il ressort de cela que, pour avoir une alimentation dite équilibrée et qui réponde aux besoins de notre organisme, il faudrait consommer : 50 % de glucides, à la fois simples et complexes, 35 % de lipides et 15 % de protéines. Il conviendrait toutefois d'ajouter un petit bémol pour les sucres : en effet, depuis quelques années, on considère que les sucres simples ne devraient pas dépasser 10 % de la ration calorique globale.

On estime les besoins caloriques journaliers d'un homme à 2 400 kcal, contre 2 000 kcal pour une femme. Il est important de préciser que ces chiffres sont des moyennes, pour un homme ou une femme ayant une activité physique normale ou modérée, d'un âge compris entre 35 et 50 ans. Ces valeurs augmentent avant 35 ans, en particulier chez les adolescents en pleine croissance, dont les besoins sont plus élevés (en moyenne 2 200 kcal pour les filles et 2 700 kcal pour les garçons). Puis elles diminuent à partir d'un certain âge en raison d'une perte de la masse musculaire et parce que le taux d'hormones dans l'organisme a aussi tendance à décroître, comme nous l'avons évoqué dans les chapitres précédents.

Ce modèle alimentaire « idéal » est un peu complexe à suivre au quotidien, car il implique de compter en permanence le nombre de calories, de glucides, de protéines et de lipides dans notre assiette. C'est pour cela d'ailleurs que l'on considère aujourd'hui que l'équilibre global se fait beaucoup plus sur la semaine, voire le mois, que sur la journée.

Depuis quelque temps, on voit apparaître une remise en cause de ces proportions dans les publications médicales, notamment pour les glucides. L'intérêt principal des glucides complexes est de fournir de l'énergie au corps. Quant à leurs apports en vitamines du groupe B, autre apport important, ils restent assurés même avec des consommations modérées de sucres complexes (produits céréaliers ou légumineuses) et une diminution de leur consommation ne saurait occasionner de carences. Nous pouvons donc réduire cette part de glucides, ce qui nous donne :

- 40 % de glucides,
- 40 % de lipides,
- 20 % de protéines.

Dans le contexte alimentaire actuel, ce modèle paraît être le mieux adapté.

Les macronutriments

Il s'agit des lipides, glucides et protéines. Ils soutiennent les fonctions fondamentales de l'organisme, en particulier la fourniture d'énergie et la structure du corps.

Les protéines

Leur rôle est double : ce sont les briques de l'organisme, sa structure (peau et organes), mais elles assurent aussi son fonctionnement, car elles sont indispensables à la fabrication des hormones, anticorps (qui protègent notre corps des infections) et enzymes, ainsi que dans de très nombreux processus, comme la coagulation. En bref, pas de vie sans protéines.

Une protéine est une grosse molécule constituée de protéines plus petites que l'on appelle les acides aminés. Il existe deux types d'acides aminés : ceux qui sont essentiels, car notre corps ne sait pas les fabriquer, et ceux qui sont dits non essentiels, que le corps les synthétise à partir des acides aminés essentiels. Le corps humain compte 20 acides aminés incorporés dans les protéines. En comparaison, l'insuline en contient 51 et l'hémoglobine du sang 574 !

Les protéines complètes contiennent les huit acides aminés indispensables. On les trouve principalement dans les aliments d'origine animale : viande (rouge ou blanche), charcuterie, poissons, œufs, produits laitiers et fromage. La quantité de protéines y est en générale importante : entre 10 et 25 %.

À l'inverse, on parle de protéines incomplètes quand elles n'apportent pas tous les acides aminés essentiels. Ce qui est le cas des protéines végétales. C'est pourquoi l'on oppose souvent l'alimentation végétalienne (sans aucun produit issu d'animaux, donc ni œufs, ni laitages, ni miel) et l'omnivorisme. Cependant, il n'est pas justifié de les considérer comme des protéines de seconde qualité, car en associant céréales et légumineuses dans un même repas, on peut obtenir tous les acides aminés essentiels.

Les céréales (blé, seigle, avoine, riz, maïs, etc.) et les légumineuses (lentilles, pois chiches, fèves, haricots secs, soja, etc.), principales sources de protéines végétales, contiennent en moyenne entre 4 et 20 % de protéines. Le soja est l'aliment qui en contient le plus, c'est pourquoi il constitue un ingrédient de base pour les végétariens.

Nous devons consommer en moyenne, tous les jours, 1 g de protéines par kilo de poids corporel. Mais ce chiffre peut varier selon les circonstances : plus élevé chez un sportif pour faire face aux besoins générés par un effort intensif, moins élevé en cas de surpoids, car l'organisme a des réserves de graisses qui diminuent ses besoins en protéines.

Pour perdre du poids, on est obligé de prendre en compte ces paramètres, afin d'assurer à l'organisme un apport suffisant en protéines et un équilibre satisfaisant entre les différents acides aminés. Sans oublier les besoins en énergie, c'est-à-dire la quantité d'énergie nécessaire pour compenser ses dépenses énergétiques. En moyenne, 1 g de protéines apporte 4 kcal, mais le rendement est en réalité inférieur, car il faut tenir compte de la dépense énergétique nécessaire à leur assimilation.

Les glucides

On distingue deux grandes catégories : ceux que l'on appelle glucides complexes (ou glucides lents), et ceux que l'on appelle glucides simples (ou glucides rapides). Sur les étiquettes des aliments, le terme « glucides » regroupe ces deux familles ; il est accompagné d'une autre mention, « sucres ajoutés », qui recouvre en général les glucides (ou sucres) dits rapides.

Le glucose, un sucre rapide, est le principal glucide que le corps utilise. Il est soit apporté par les aliments, soit fabriqué par le corps lui-même. L'organisme consomme la quantité de glucose dont il a besoin pour ses besoins immédiats, fonctionner au quotidien ou, par exemple, couvrir la dépense énergétique liée à une activité physique. Mais il a aussi la possibilité de le stocker dans les muscles et dans le foie pour assurer une réserve. Mais lorsque ses capacités de stockage (limitées) sont dépassées, il transforme en graisses le glucose en excès.

C'est leur vitesse de passage dans le sang qui distingue les deux catégories de glucides. Les sucres rapides, comme leur nom l'indique, sont vite absorbés, contrairement aux sucres lents. Or, quand il y a trop de sucre dans le sang, l'organisme doit rapidement le faire passer dans les cellules, ce qui entraîne un stockage en excès. À l'inverse, les sucres complexes ou glucides lents doivent être préalablement digérés, donc coupés progressivement lors de leur passage dans l'intestin, permettant ainsi aux molécules de glucose d'arriver progressivement dans la circulation sanguine.

Ce système a conduit à la méthode dite des indices glycémiques, qui consiste à privilégier les aliments à faible indice glycémique, c'est-à-dire ceux qui font monter plus lentement le taux de glucose dans le sang. Mais elle est aujourd'hui remise en cause, car cet indice peut varier considérablement en fonction des associations alimentaires et des modes de préparation et de cuisson.

Dans les sucres simples, on distingue les sucres les plus simples que sont le fructose, le glucose et le galactose (ils ne peuvent pas être décomposés), et des sucres un peu moins simples, constitués de deux molécules et dont les plus courants sont le lactose, que l'on trouve dans les produits laitiers, et le saccharose (le sucre de table, même si on trouve aussi du fructose désormais). Les sucres simples se trouvent dans le sucre et les aliments sucrés (confiseries, miel, confitures), mais aussi dans les fruits et, bien sûr, dans tous les produits issus de l'industrie agroalimentaire.

Contrairement aux sucres simples, les sucres complexes sont formés de plusieurs centaines de molécules de glucose. Ils doivent donc être décomposés, ce qui se produit lors du processus de digestion (et qui prend du temps), pour que le corps puisse les assimiler. Les sucres complexes ou lents se trouvent dans les céréales (pain, pâtes, riz, semoule, maïs, céréales du petit déjeuner), les légumineuses (lentilles, fèves, haricots) et les tubercules (pomme de terre, manioc, tapioca).

Le rendement énergétique des sucres est de 4 kcal par gramme. Les glucides représentant 40 % de notre alimentation, pour un homme qui consomme en moyenne 2 400 kcal par jour, cela représente 960 kcal, soit 240 g de glucides (simples et complexes). Pour une femme qui consomme 2 000 kcal, cela représente 200 g de glucides.

Et les sucres cachés ? On en parle beaucoup, ce sont tous les sucres utilisés par l'industrie agroalimentaire, comme conservateurs ou comme exhausteurs de goût. Comme ils sont utilisés dans des produits où nous ne les soupçonnons pas toujours (charcuterie, plats préparés, sauces, etc.), ils augmentent de fait notre consommation de sucre sans que nous puissions la maîtriser.

Or, une consommation excessive de sucres rapides semble favoriser de très nombreuses maladies, y compris le cancer du sein. Elle provoque à terme un effet d'addiction, une augmentation de la sécrétion d'insuline qui favorise la prise de poids et une perte de la sensation de satiété, notamment lorsqu'ils ne sont pas consommés avec des fibres (par exemple dans les jus de fruits, auxquels il vaut mieux préférer les fruits entiers du fait de leur teneur en fibres). On recommande de ne pas dépasser 5 à 10 % de sa ration calorique quotidienne sous forme de sucres simples, soit au maximum 50 g par jour chez les femmes et 60 g chez les hommes. Les apports en sucres rapides doivent être contrôlés de près durant un régime, et on privilégie la consommation de sucres lents chez les personnes en surpoids ou chez les diabétiques.

Les lipides

Les matières grasses de notre corps ont deux origines : certaines sont apportées par les aliments, les autres fabriquées par notre organisme. Les graisses fournies par notre alimentation sont des triglycérides (plus de 95 %), les autres sont constituées de cholestérol et de lipides complexes ou phospholipides. Les lipides, ou acides gras, constituent notre source majeure d'énergie, avec 9 kcal pour 1 g.

Les lipides participent aussi, avec les protéines, à la structure de notre corps. Ce sont eux qui rendent par exemple notre peau imperméable et ils sont un composant important de nos cellules, dont nos cellules cérébrales. Ils forment également une enveloppe protectrice qui sert à la cicatrisation, tout en étant une réserve d'énergie pour aider l'organisme à faire face aux situations de dénutrition. Par ailleurs, les acides gras participent au transport de certaines vitamines et sont impliqués dans de nombreuses réactions chimiques dans l'organisme. Enfin, pour les gourmands, les graisses rehaussent les saveurs et améliorent les qualités gustatives des aliments.

Comme pour les protéines, on distingue les acides gras essentiels et les acides gras non essentiels.

Les acides gras essentiels

Pour utiliser le jargon médical, nous dirons que les acides gras essentiels, qui sont des acides gras polyinsaturés, sont en quelque sorte les « bons » acides gras. Ce sont les fameux oméga 3 et oméga 6. Comme nous ne sommes pas capables de les fabriquer, nous devons les consommer par notre alimentation.

Les oméga 3 et oméga 6 sont nécessaires pour favoriser la coagulation et le bon fonctionnement des systèmes immunitaire et anti-inflammatoire. Par ailleurs, ils pénètrent dans toutes les membranes cellulaires pour assurer la régulation du passage des nutriments à l'intérieur de celles-ci. Ils participent aussi aux phénomènes de croissance et de renouvellement de la peau. Chez les enfants, une carence en acides gras essentiels peut ralentir leur croissance et limiter le développement cognitif. On a même découvert récemment que les oméga 3 pouvaient diminuer le risque de troubles cardio-vasculaires après un infarctus du myocarde.

Les oméga 3 se trouvent en particulier dans les poissons, issus de la transformation du plancton que ces derniers absorbent. Les poissons les plus riches en oméga 3 sont les espèces les plus grasses, comme le saumon, la sardine, l'anchois, le maquereau, le hareng (les compléments alimentaires riches en oméga 3 sont d'ailleurs élaborés à partir d'huile de chair de poisson). Les œufs des poules ayant reçu une alimentation enrichie en oméga 3 en contiennent aussi, tout comme la margarine (dans laquelle on peut ajouter une petite quantité d'huile de chair de poisson pour compléter ses apports).

Les oméga 6, pour leur part, se trouvent dans la plupart des huiles (tournesol, maïs, raisin), mais aussi dans les graines et les céréales.

Les oméga 3 doivent être combinés avec des oméga 6 dans un rapport de 1 sur 5. Les huiles de colza et de noix offrent un ratio intéressant et sont donc à privilégier.

Les acides gras non essentiels

Les acides gras saturés, des acides gras non essentiels, sont indispensables à la structure des cellules. Notre corps peut les fabriquer à partir des graisses que nous ingérons. C'est la raison pour laquelle il n'est pas nécessaire d'en consommer de grandes quantités. Comme les corps gras sont toujours composés d'un mélange d'acides gras, on privilégiera les graisses dont la composition en graisses saturées n'est pas trop importante. Elles sont d'ailleurs faciles à reconnaître : plus un corps gras contient d'acides gras saturés, plus il est solide (beurre) ; moins il en contient, plus il est fluide (huile).

Consommés en excès, les acides gras saturés augmentent le taux de cholestérol sanguin et favorisent les troubles cardio-vasculaires, tel l'infarctus du myocarde. Ils se retrouvent aussi bien dans les produits issus d'animaux que dans certaines sources végétales (huile de coco et beurre de cacao), même s'ils sont en quantité beaucoup plus importante dans les premiers.

Les acides gras mono-insaturés, ou oméga 9, sont composés principalement d'acide oléique que l'on trouve en quantité importante dans l'huile d'olive, mais aussi, dans des proportions moindres, dans les viandes, les poissons et les œufs. Dans nos membranes cellulaires, l'acide oléique protège de l'oxydation les acides gras les plus fragiles, ceux qui ont plusieurs doubles liaisons. Il abaisse (plus modérément que les acides gras polyinsaturés) le cholestérol sanguin en diminuant le cholestérol LDL (« mauvais cholestérol ») et en élevant le taux du cholestérol HDL (« bon cholestérol »).

Le cholestérol animal (que nous mangeons et que nous fabriquons) est un constituant essentiel des membranes des cellules. Il est précurseur des hormones sexuelles (testostérone et œstrogène), des corticoïdes (hormones sécrétées par les glandes surrénales) et de la vitamine D, qui a un pouvoir antirachitique. On ne peut pas vivre sans cholestérol. L'organisme en fabrique environ 1 200 mg par jour tandis que nous en consommons près de 800 mg.

Dans notre corps, il existe des « camions » qui transportent le cholestérol depuis le foie, où il est fabriqué et où se trouve également celui que nous ingérons, jusqu'aux cellules de l'organisme qui en ont besoin. Ce transporteur s'appelle le LDL, que l'on a injustement appelé « mauvais cholestérol ». D'autres vont venir rechercher le cholestérol en excès dans les cellules pour l'éliminer *via* le foie par la bile et par les fèces. Ils jouent en quelque sorte le rôle des « éboueurs ». On les appelle les HDL, ou « bon cholestérol ». Mais quand il y a des erreurs de livraison ou des embouteillages, donc trop de cholestérol dans le corps, ce dernier va se déposer sur les artères. C'est pourquoi nos apports en graisses doivent rester raisonnables afin que notre organisme ne soit pas submergé par le cholestérol.

Les micronutriments

Les micronutriments regroupent les vitamines, les oligoéléments et les minéraux. Ces molécules interviennent dans la plupart des réactions chimiques ou biologiques.

Les vitamines

Les vitamines n'ont aucune valeur énergétique, mais l'organisme en a absolument besoin pour fonctionner. Il ne peut les trouver que dans l'alimentation, d'où l'importance de varier ce que nous mangeons pour couvrir tous nos besoins.

Si le monde occidental connaît peu les carences (ce qui n'est pas le cas de certaines régions du monde où la nourriture manque parfois cruellement), on peut avoir également des cas de surdosage en vitamines, que l'on observe la plupart du temps chez les adeptes d'une consommation excessive de compléments alimentaires.

On compte en tout 13 vitamines (voir tableau ci-après) et chacune a des fonctions spécifiques. Certaines sont solubles dans l'eau (hydrosolubles), d'autres dans les graisses (liposolubles), ce qui souligne l'importance des lipides dans notre alimentation.

Les besoins diffèrent selon notre âge et notre état, voire notre activité physique. Ainsi, un sportif ou un fumeur ont besoin de plus de vitamine C. Et nos besoins en vitamine D augmentent à mesure que nous prenons de l'âge. Enfin, les supplémentations en vitamine E sont préconisées par certains spécialistes pour retarder le vieillissement, mais sans preuve d'une efficacité réelle.

On attribue aux vitamines dans leur ensemble un rôle antioxydant, terme adoré par la presse et l'industrie pharmaceutique ou cosmétologique. Il signifie que la substance empêche l'oxydation de certains éléments chimiques, qui pourrait conduire à des réactions en chaîne potentiellement destructrices, qui accélèrent le vieillissement et l'apparition de maladies. Cependant, toutes les vitamines ne sont pas antioxydantes. Celles qui assurent cette fonction sont principalement les vitamines A, C et E.

Vitamines	Rôles	Sources
Vitamine A (rétinol et bêta-carotènes)	Antioxydant et anti-infectieux, vision nocturne et production de mélanine et santé de la peau, croissance chez les enfants	Huile de foie de morue, foie des animaux, beurre cru, jaune d'œuf, végétaux colorés (patate douce, carotte, melon, légumes à feuilles vert foncé, abricot, maïs)
Vitamine D	Assimilation du calcium et du phosphore, consolidation osseuse, anti-infectieux	Huile de foie de morue et poissons gras, huiles combinées, laitages entiers et enrichis, chocolat noir, graisse de canard et jaune d'œuf
Vitamine E	Maintien du système immunitaire, antioxydant, diminution du cholestérol LDL, stimule la fertilité	Huiles de germe de blé, de tournesol, de colza, d'olive, huiles combinées, foie de morue, margarine au tournesol, amandes, graines de tournesol, pignons de pin, germes de blé
Vitamine K	Coagulation du sang, minéralisation des os	Choux, viande et foie de bœuf, laitue, cresson, fenouil, huile de colza, huile de soja
Vitamine B1 (thiamine)	Assimilation des aliments, métabolisme des protéines, lipides et glucides, production d'énergie, système nerveux	Levure de bière, germes de blé, produits céréaliers complets (sarrasin en particulier), porc, foie, légumineuses et graines
Vitamine B2 (riboflavine)	Production d'énergie, assimilation des autres vitamines du groupe B, santé de la peau, des cheveux et des ongles, système nerveux	Levure de bière, germes de blé, fèves de soja, foie et rognons, fromage, œufs, céréales complètes
Vitamine B3 (PP ou niacine)	Métabolisme des protéines, lipides et glucides, baisse du taux de triglycérides dans le sang, système nerveux, synthèse hormonale, synthèse de la kératine	Levure de bière, foie de veau, viande et volaille, poissons gras, champignons, arachide, céréales complètes
Vitamine B5 (bépanthène)	Anti-infectieux, cicatrisation de la peau, cheveux, système nerveux, fertilité	Levure de bière, viande, foie et rognons, jaune d'œuf, arachide
Vitamine B6 (pyridoxine)	Absorption du magnésium, métabolisme des protéines, lipides et glucides, formation de l'hémoglobine, transformation du tryptophane en vitamine B, synthèse hormonale et des neurotransmetteurs	Levure de bière, viande et volaille, pomme de terre, banane, soja, légumineuses, graines oléagineuses, jaune d'œuf, produits laitiers
Vitamine B8	Métabolisme des glucides	Patate douce, laitages, foie, protéines de soja

Vitamines	Rôles	Sources
Vitamine B9 (folates ou acide folique)	Synthèse et renouvellement de l'ADN et des cellules sanguines, synthèse des hématies	Levure alimentaire, foie des animaux, protéine de soja, jaune d'œuf, oléagineux, châtaigne, légumes à feuilles, fromage
Vitamine B12	Synthèse et renouvellement de l'ADN et des cellules sanguines, système nerveux	Foie des animaux, fruits de mer, fromage
Vitamine C	Antioxydant, système immunitaire, absorption du fer	Acérola, fruits rouges, poivron cru, kiwi, litchi, agrumes, fruits exotiques, chou, persil, raifort, oseille

Les minéraux et les oligoéléments

Ce sont de tout petits éléments chimiques qui participent à l'ensemble des fonctions de l'organisme (voir leur rôle et leurs principales sources dans le tableau suivant). L'eau, les végétaux et la plupart des aliments contiennent toujours un ou plusieurs de ces composants. Les médecins dosent principalement le calcium, le phosphore, le sodium et le potassium, car ils sont probablement les plus indispensables à l'équilibre global du corps. Leur carence comme leur excès peuvent conduire à des problèmes ! Concernant les oligoéléments, nous avons encore du mal à en apprécier les besoins indispensables. Nous avons fait figurer dans le tableau ceux pour lesquels nous possédons le plus de connaissances.

Minéral	Rôles	Sources
Sodium	Équilibre hydrique et acido-basique	Sel de table, sel de céleri, bouillon cube, charcuteries, fromage, eaux gazeuses riches en sodium
Chlore	Équilibre hydrique et acido-basique	Sel de table, sel de céleri, bouillon cube

Minéral	Rôles	Sources
Calcium	Principal composant des os et des dents, coagulation du sang, contraction musculaire	Laitages, sardines, eaux riches en calcium (Courmayeur®, Contrex®, Hépar®), spécialités végétales enrichies en calcium
Phosphore	Santé des os et des dents, renouvellement des tissus, maintien du pH	Levure alimentaire, quinoa, laitages, fromage, céréales complètes, graines de courge
Soufre	Synthèse des deux animés essentiels, la méthionine (protège le foie, détoxique l'organisme et stimule la santé des cheveux) et la cystéine (antioxydant, prévention de l'athérosclérose et de l'arthrite)	Abats, porc, poulet, agneau, saumon
Magnésium	Absorption du calcium, aide à lutter contre les manifestations de stress, augmente l'activité du système immunitaire	Son, graines, oléagineuses, fèves, haricots secs, eaux riches en magnésium (Hépar®)
Potassium	Équilibre le pH dans le sang, stimule la production par l'estomac d'acide chlorhydrique, qui favorise la digestion	Haricots secs et autres légumineuses, pomme de terre, courge et graines de courge, banane et la plupart des légumes

Oligoélément	Rôles	Sources
Fer	Synthèse de l'hémoglobine, processus cellulaires divers (dont la respiration et la division cellulaire)	Boudin noir, foie et autres abats, bœuf (fer héminique, le mieux absorbé par l'organisme), jaune d'œuf, lentilles, haricots secs, céréales complètes (fer non héminique)
Cuivre	Formation des globules rouges, défenses immunitaires, minéralisation osseuse	Foie, spiruline, champignons noirs, cacao
Zinc	Système immunitaire, métabolisme des protéines	Huître, crabe, bœuf, veau, fromages de type vacherin ou maroilles
Fluor	Constitution des dents et renforce leur email	Eaux minérales, sel iodé fluoré, dentifrices enrichis en fluor
Iode	Production des hormones thyroïdiennes T3 (régule le métabolisme) et T4 (précurseur de l'hormone T3)	Algue nori, sel de mer iodé, poissons, fruits de mer
Sélénium	Système immunitaire, antioxydant	Thon, cabillaud, rognons (porc, veau et bœuf)
Chrome	Améliore la sensibilité à l'insuline, pour une bonne assimilation des sucres	Brocolis, haricots verts, céréales complètes, germes de blé

L'eau

C'est le constituant principal de l'organisme (60 % de notre poids). On en trouve très peu dans la graisse et elle est principalement présente dans nos muscles et organes, dans nos cellules, dans le sang, la salive et toutes les sécrétions corporelles.

L'eau transporte l'oxygène et les nutriments jusqu'aux cellules des organes, permet d'éliminer les déchets, lubrifie les articulations. Comme l'eau de nos radiateurs, elle maintient notre température à 37 °C et joue un rôle dans les réactions chimiques de l'organisme.

Nous l'éliminons par les urines, la transpiration et dans les selles, mais aussi par la respiration (il suffit de mettre un miroir devant sa bouche pour s'en rendre compte, à la vue de la vapeur qui se forme).

Au total, le corps a besoin de 2 à 2,5 litres par jour pour bien fonctionner. Une partie nous est apportée par ce que nous mangeons, mais nous devons aussi en boire entre 1 litre et 1,5 litre par jour (en dehors de tout problème médical). Une quantité plus importante ne sert pas à grand-chose, à part diluer les urines. Heureusement, la soif est un mécanisme automatique qui nous permet de savoir à quel moment notre corps a besoin d'eau. (Attention, les nourrissons ne savent pas exprimer leur soif et les personnes âgées ont tendance à perdre cette sensation. Il faut donc veiller à ce que leur hydratation soit suffisante.)

Contrairement à une idée reçue, on peut boire à n'importe quel moment, même en mangeant. Toutes les boissons peuvent contribuer à couvrir nos besoins en eau : café, thé, infusions, eaux aromatisées… Leur sélection pourra cependant être déterminée par d'autres critères, comme leurs apports en minéraux et oligoéléments.

Les fibres

Les fibres sont l'ensemble des composants alimentaires non digestibles. Elles n'ont aucune vertu nutritionnelle, dans le sens où elles n'apportent aucun nutriment, mais elles jouent un rôle fondamental dans les processus de digestion. Dans les pays industrialisés, la consommation accrue de produits raffinés a entraîné une réduction de l'ingestion des fibres et une modification qualitative : l'apport en fibres issues de céréales et de légumineuses a diminué tandis que celui des fibres issues de fruits et de féculents a augmenté.

La teneur en fibres des végétaux varie selon leur famille botanique, mais également en fonction du degré de maturité du végétal, des conditions de culture et des traitements qu'il a pu subir.

Selon leur structure, les fibres ne réagissent pas toutes de la même façon en présence d'eau. On distingue deux catégories : les fibres solubles, qui sont dissoutes dans l'eau, et les fibres insolubles, qui restent entières quand elles sont associées avec l'eau. Les fibres solubles ont la propriété d'augmenter la viscosité du milieu où elles se trouvent en formant des solutions épaissies, voire des gels dans certains cas. Les fibres insolubles ne sont pas digérées dans l'intestin grêle, mais sont partiellement ou totalement digérées dans le côlon par les bactéries de la flore, formant ainsi ces fameux probiotiques que nous évoquerons juste après.

On comprend mieux l'intérêt d'avoir à la fois des fibres insolubles et des fibres solubles. Les premières augmentent le transit intestinal et assurent le renouvellement de la surface de l'intestin, avec un effet protecteur contre certaines maladies. Les secondes forment, sous l'action de l'eau, une substance visqueuse qui facilite le glissement des résidus, donc le transit intestinal.

Au niveau du tube digestif, elles ralentissent le passage du sucre dans le sang et limitent le passage dans le corps du cholestérol et des substances toxiques issues de notre environnement. Cela explique leur effet sur les cancers digestifs, les maladies cardio-vasculaires, le diabète, l'hypercholestérolémie ainsi que sur le surpoids. En limitant le cholestérol et le taux de sucre dans le sang, elles réduisent l'obstruction des artères et des vaisseaux en général, dont ceux du cerveau. De nombreuses études montrent que la consommation régulière de fibres alimentaires réduirait la mortalité en diminuant les risques de syndromes métaboliques (cholestérol, hypertension, diabète) et en protégeant des maladies cardiaques. Leur apport limite également le risque de survenue d'un cancer colorectal, de maladies respiratoires et d'infections. Grâce à leur effet rassasiant et acalorique, les fibres contribuent enfin à limiter la prise de poids. Les progrès de la recherche semblent ainsi associer une consommation insuffisante de fibres à certaines perturbations des fonctions cérébrales (maladie d'Alzheimer, par exemple) ou à des maladies auto-immunes comme la sclérose en plaques.

L'OMS (Organisation mondiale de la santé) ou l'ANSES (Agence nationale de sécurité sanitaire de l'alimentation, de l'environnement et du travail) préconisent d'absorber entre 25 et 30 g de fibres par jour, en mélangeant fibres solubles et insolubles.

Les fibres solubles : pectines, gommes (caroube ou guar) ou mucilages (agar) et certaines fibres d'algues. Elles se présentent sous forme de gels et peuvent être comparées à un aspirateur puisqu'elles favorisent l'élimination des résidus non absorbés dans la digestion ainsi que les déchets, en stimulant les bactéries de fermentation de la flore intestinale. On les trouve dans le son d'avoine, le seigle, les légumineuses comme les pois cassés, les fèves ou les lentilles, la plupart des fruits rouges ou encore dans les légumes tels que carottes et pommes de terre.

Les fibres insolubles : cellulose, hémicellulose et lignine. Elles font généralement partie de l'enveloppe des végétaux. Leur action est moins rapide et moins douce que celle des fibres solubles mais elles ont un plus faible pouvoir d'absorption d'eau, améliorent la circulation dans le système digestif et accélèrent le transit. Mieux vaut les consommer en petites quantités et augmenter progressivement les proportions, car elles peuvent favoriser l'apparition de gaz. On les trouve dans la plupart des céréales comme le blé entier, le maïs entier, le riz brun, mais aussi dans les fruits secs et des légumes tels que le brocoli et le chou de Bruxelles.

Les aliments transformés contiennent très peu de fibres, tandis que les protéines animales n'en comportent pas. C'est pourquoi il est important, dans le cadre d'un régime, de privilégier les aliments d'origine végétale non transformés et de veiller à consommer fibres solubles et insolubles. Les légumes cuits à l'eau contiennent davantage de fibres solubles, les légumes crus davantage de fibres insolubles.

Fibres, probiotiques et prébiotiques

Les prébiotiques sont le produit des fibres végétales présentes surtout dans les végétaux, qui ont la particularité d'être à la source de la formation des « probiotiques », ces bactéries de la flore intestinale indispensables à la vie. Non dégradées lors de la digestion, elles arrivent intactes dans le côlon où elles stimulent la croissance des « bonnes bactéries », ou probiotiques, comme un engrais.

Les fibres prébiotiques se trouvent le plus souvent sous forme de fructanes (dans l'orge, l'asperge, les artichauts, par exemple) ou d'amidons résistants (dans la banane, les légumineuses, le riz ou les pommes de terre).

Les probiotiques sont principalement des ferments lactiques et des micro-organismes dont on compte plus de 1 000 espèces différentes dans notre flore intestinale, également appelée « microbiote ». Les plus connus sont les fameux Lactobacillus, Bifidobacterium et Saccharomyces. Naturellement présents dans les yaourts ou le lait fermenté, mais également dans la choucroute ou les olives par exemple, ils peuvent être ajoutés à d'autres aliments ou vendus sous forme de compléments alimentaires comme la levure de bière.

Ils préviennent la porosité intestinale, qui laisserait passer des molécules néfastes ou toxiques pour des organes vitaux, et protègent contre les bactéries pathogènes parfois présentes dans l'intestin, grâce à la production d'anticorps.

Ils activent le système immunitaire en entraînant les globules blancs immatures à exercer leur fonction au contact des bactéries de la flore endogène. Ils régulent la réponse immunitaire pour réduire les terrains allergiques : une bonne flore intestinale induit un très faible potentiel allergique tandis qu'une flore déséquilibrée rend l'organisme propice aux allergies.

Ils absorbent les nutriments : c'est grâce au bon passage de la barrière intestinale que l'on peut disposer des nutriments contenus dans les aliments, sans quoi ils ne seraient pas assimilables, tout comme certaines vitamines importantes ne seraient pas synthétisées (la vitamine K, nécessaire à la coagulation du sang ; la vitamine B9 ou acide folique ; et la vitamine B12, essentielle au fonctionnement du système nerveux central, en particulier à la protection de la gaine de myéline autour des fibres nerveuses, qui permet le passage de l'influx nerveux).

Ils aident à évacuer les cellules intestinales du côlon une fois mortes, une action vitale, car celles-ci (colonocytes ou colocytes) ne vivent que 4 jours, et se renouvellent sans cesse.

Ces bons microbes, au nombre de 1 000 milliards, font de notre microbiote un véritable organe, tant les fonctions physiologiques du microbiote sont importantes pour la santé : 80 % de notre immunité a pour origine notre tube digestif, dont l'équilibre dépend directement de ce que nous mangeons. Une bonne raison de ne pas le détraquer : les espèces bactériennes qui le composent exercent des fonctions cruciales pour notre santé (meilleure absorption intestinale, élimination des substances étrangères à l'organisme…) et la présence ou l'absence de telle ou telle bactérie semble ainsi influencer la survenue ou non de certaines maladies ou nous en protéger. Des études montrent une action anticancéreuse sur des cellules malignes à la suite d'un régime riche en pré- et probiotiques. Ceux-ci jouant un rôle clé dans l'efficacité des défenses immunitaires, leur prise, même sous forme de complément alimentaire, réduit la fréquence des rhumes et des infections. D'autres études montrent qu'un déséquilibre de la flore intestinale peut participer à l'apparition de certaines maladies (cancer, Parkinson, diabète de type 2), voire jouer un rôle dans l'anorexie et l'obésité.

Nutrition et régime

Une fois que vous disposez de l'ensemble de ces informations, vous devenez en quelque sorte un mini-nutritionniste. L'intérêt est de vous faire comprendre qu'on ne fait pas un régime de façon aléatoire, simplement en diminuant la quantité que l'on mange, mais qu'il est nécessaire de respecter l'organisme et les proportions nutritionnelles pour obtenir un amaigrissement aussi qualitatif que quantitatif.

Ceci reste une priorité : on ne peut pas faire un régime en s'abstenant de prendre en considération l'ensemble de ses paramètres. Voilà pourquoi si on décide du nombre de calories à absorber, il va ensuite falloir les distribuer de la façon la plus astucieuse possible pour rendre vraiment service. Et tout ceci ne sera réellement efficace que si, en plus, on essaye de préserver une part du plaisir alimentaire – c'est fondamental.

Je suis persuadé que pour réussir un amaigrissement, il ne suffit pas d'appliquer une alimentation contrôlée, il faut connaître un peu de nutrition et, idéalement, être accompagné, que ce soit par un médecin, par un coach, par des amis, par un groupe ou par une communauté, pour créer une stimulation. L'organisation de la nourriture et le régime forment un triptyque parfait avec le contrôle et l'accompagnement, triptyque qui devient totalement vertueux, si en plus il y a un peu d'activité physique.

Les règles d'or du régime

- Ne pas oublier d'offrir une place aux glucides.
- Prendre des rations suffisantes de protéines.
- Limiter les matières grasses.
- Forcer sur les fibres.
- Boire suffisamment.
- Et prendre du plaisir à manger ! Cela nous incite à organiser nos repas et cuisiner des recettes savoureuses.

Une fois ces règles intégrées, il est temps de calculer quel niveau énergétique est nécessaire pour maigrir.

Établir son plan de repas calorique

Lorsqu'on décide de débuter un régime, il faut essayer de choisir le niveau calorique le plus efficace en proportion de la cadence et de la quantité de poids à perdre. Pour cela, il faut d'abord estimer sa dépense quotidienne.

Pour une femme, le calcul se fait de la façon suivante : (poids en kg × 11) + 1 250.

Pour un homme : (poids en kg × 16) + 1 350.

Prenons l'exemple d'une femme de 60 kg. Pour estimer sa dépense journalière approximative, je multiplie 60 par 11, auquel j'ajoute 1 250, ce qui donne 1 910 calories.

En visant une cadence modérée de perte de poids de 2 à 3 kg par mois, il faudra abaisser le régime de 500 calories, ce qui donne des repas à 1 400 calories. Pour perdre le double, il faudra retirer encore 500 calories, c'est-à-dire utiliser un régime restrictif à 900 calories.

Ce calcul permet aussi d'expliquer en partie le ralentissement des pertes de poids, proportionnellement à la baisse du poids préalable. Imaginons que cette femme perde 10 kg, sa dépense énergétique ne sera plus de 1 910 calories mais de 1 800 calories. Voilà pourquoi, si elle reprend la même alimentation que préalablement, elle aura un excédent journalier de 100 calories par rapport à sa dépense énergétique. Cet excédent entraînera une prise de poids qui la ramènera, en l'espace de quelques mois, à son poids précédent. Les seules solutions pour stabiliser ce poids seront d'augmenter l'activité physique, ce qui est simple pour 100 calories par jour, ou de s'adapter à un nouveau modèle alimentaire qu'elle aura eu le temps d'apprendre pendant qu'elle suivait le régime.

LES RÉGIMES À LA MODE

Quand j'étais jeune médecin, j'avais du mal à comprendre les personnes qui suivaient des régimes à l'évidence farfelus ou dangereux pour la santé. Mon vieux patron m'expliquait avec beaucoup d'ironie que les gens suivraient toujours ce type de régimes tant que la crédulité existerait. La réalité, c'est que nous n'avons pas de solution facile pour aider les gens à perdre du poids et qu'il n'existe aujourd'hui que des régimes pour y arriver, qu'ils soient équilibrés ou rééduquants. Or, c'est à la fois un petit travail et, assez souvent, une frustration. Comme les vendeurs de régimes sont des professionnels de la vente et du marketing, quelques techniques bien éprouvées les font resurgir tous les ans pour les moins célèbres, et tous les 5 ou 10 ans pour les régimes plus connus. J'en ai vu fleurir des dizaines : Scarsdale, Mayo, Victoria Principal, régime dissocié, Atkins, Suzanne Powell, et tant d'autres… La plupart du temps, ils recyclent de vieilles connaissances : sans sucre, sans graisse, un seul aliment, tout protéines… Ainsi le régime Atkins est une variante de régime sans sucre, le régime protéiné est une variante du régime Pennington de 1958 et le jeûne du régime de Monsieur Evans de 1929. Et pourtant, rien ne fait maigrir à part une diminution de la consommation d'énergie. C'est seulement l'emballage qui change, avec le marketing qui va avec.

Voici donc un inventaire des quelques régimes qui ont marqué ces cinq dernières années, que vous avez peut-être suivi, sans succès sur le long terme. Je vous explique pourquoi ils ne fonctionnent pas et pourquoi il faut les éviter.

Le régime cétogène ou keto régime

Perdre du poids en mangeant du gras : c'est la promesse du régime cétogène. Il a déjà été utilisé depuis un siècle pour tenter d'améliorer certains types d'épilepsie.

Ce régime repose sur une forte diminution de l'apport en glucides (50 g maximum par jour pour un adulte, principalement des hydrates de carbone), un apport très conséquent en lipides (70 à 90 % de l'apport énergétique total), et un apport en protéines représentant environ 15 à 20 %.

Dans ce régime, on doit supprimer les aliments à base de céréales (pain, pâtes, riz, etc.), les pommes de terre, la semoule, la plus grande partie des aliments transformés (bonbons, gâteaux, confiserie) et même le lait puisqu'il contient un sucre, le lactose. Il faut aussi limiter considérablement voire supprimer les fruits, les légumes ainsi que les légumineuses, qui évidemment contiennent quand même un peu de glucides et opérer une sélection farouche pour conserver ceux qui en contiennent le moins. En revanche, sont autorisés beaucoup d'aliments riches en graisses et en protéines tels que les huiles végétales, le beurre, les œufs, les viandes, les poissons gras, l'avocat, la noix de coco ou encore les oléagineux (amandes, noisettes…). C'est donc un régime très difficile à suivre qui ressemble aux régimes du passé comme celui d'Atkins, spéculant sur la baisse des sucres au profit d'un amaigrissement rapide et sur l'augmentation des protéines et des graisses pour limiter l'appétit.

Lorsque les glucides sont en quantité très réduite, le foie fabrique des corps cétoniques à partir des matières grasses alimentaires ou des réserves de graisses de l'organisme. On dit que le corps est en « cétose » : il se transforme en machine à « brûler » les graisses. En effet, en l'absence de glucides, il faut bien trouver des sources d'énergie pour faire fonctionner le corps. De surcroît, l'excès de composés cétoniques entraîne une perte d'appétit. Hélas, il n'est pas innocent de saturer son corps avec ces substances. Les conséquences peuvent être lourdes : problèmes hépatiques, cérébraux, rénaux mais également troubles du comportement alimentaire en raison de la restriction de beaucoup d'aliments. C'est pour cela qu'il y a fréquemment un effet rebond et que les gens, en plus des problèmes de santé, reprennent souvent plus de poids qu'ils en ont perdu. Expérimentalement, on se rend en effet compte que sur le long terme, les courbes de poids se rejoignent.

Attention, il ne faut pas comparer ce régime quasiment sans glucides avec des régimes pauvres en sucre. Tout est une question de quantité. On peut très bien suivre des régimes très peu sucrés avec 100 g de glucides par jour sans avoir les inconvénients de celui-ci.

De plus, il faut faire extrêmement attention au type de graisses consommées et privilégier celles d'origine végétale plutôt qu'animale, sans quoi il y a un risque de développer un foie gras.

À court terme, le passage d'une alimentation classique à un régime cétogène peut entraîner des nausées, une constipation, de la fatigue, des maux de tête, des crampes, une mauvaise haleine… Autant de désagréments principalement liés à la déshydratation. Dans le muscle, le glucose est stocké avec de l'eau. Son utilisation entraîne donc une élimination d'eau qui contribue à la perte de poids mais aussi à une déshydratation.

Il fait donc partie de cette cohorte de régimes à la mode qui sont suivis pendant un temps avant d'être abandonnés quand la rumeur renseigne sur leurs effets négatifs.

Les régimes sans sucres

Depuis que la limitation du sucre est considérée comme un facteur bénéfique pour la santé, l'alimentation sans sucre bénéficie d'une forte promotion. Il est certain que manger sans sucre permet de maigrir à condition de ne pas augmenter les autres nutriments. Mais s'il ne faut pas abuser du sucre, il serait contre-productif de les remplacer par le même nombre de calories cette fois sous forme de graisse ou de protéines. Depuis fort longtemps, on sait que les régimes sans sucre permettent d'obtenir des amaigrissements plus rapides que les autres. Cependant, comme on vient de le voir dans le régime précédent, une trop forte abstinence de sucre entraîne une fonte musculaire qui donne la sensation d'une forte perte de poids, mais concentrée sur la masse maigre et l'eau, ce qui n'est pas notre objectif. C'est pourquoi on peut considérablement diminuer les apports en sucre mais il ne faut jamais les supprimer totalement, à l'exception des sucres rapides comme dans les bonbons, les confiseries, le sucre raffiné, les sodas sucrés, les pâtisseries et autres. Il est absolument indispensable de conserver fruits, légumes et un peu de féculents, même si on peut limiter un peu plus les quantités que dans les régimes équilibrés.

Ce type de régime concernera particulièrement les diabétiques, les gens qui ont un foie gras ou pour accélérer transitoirement un amaigrissement.

Les régimes hyperprotéinés

Loin d'être une nouveauté, les régimes hyperprotéinés reviennent régulièrement à la mode, avec un emballage « marketing » différent. Récemment par exemple, nous avons subi le régime Dukan qui était quasi totalement dépourvu de glucides. Les succès éphémères de ces régimes sont en général liés à la publicité formidable qu'en font les gens qui maigrissent beaucoup les premières semaines. Ils entraînent ainsi d'autres adeptes, sans oser avouer les différents problèmes qu'ils rencontrent par la suite, tant ils culpabilisent d'un échec dont ils s'estiment, à tort, coupables. Le vrai danger repose en partie sur la suppression radicale de plusieurs gammes d'aliments, comme les légumes ou les produits céréaliers. Comme nous l'avons déjà vu, le corps, et en particulier les muscles, ainsi que le cerveau ont besoin d'une certaine dose de glucides, mais aussi des vitamines et différents minéraux qu'ils contiennent.

Les protéines alimentaires exercent un effet coupe-faim, qui persiste plusieurs heures après l'ingestion d'un repas riche en protéines. Cela entraîne donc un phénomène de satiété qui, en réalité, permet de diminuer la consommation alimentaire globale. Mais les régimes hyperprotéinés ne font pas maigrir, comme on le voit souvent écrit de façon abusive. Ce qui fait maigrir, c'est le fait d'ingérer moins de calories que le corps n'en a besoin. L'excès de protéines peut aider à moins ressentir la faim et donc à mieux supporter l'épreuve d'une perte de poids rapide, mais cela reste un effort qui ne peut être tenu que sur un temps limité. Le corps et le cerveau se protègent alors de la perte de poids en favorisant des processus d'absorption et de stockage de l'énergie. Lorsque les efforts de suivi du régime se relâchent, par exemple après l'atteinte d'un objectif de perte de poids, ou par simple lassitude, ces processus s'enclenchent, et la reprise de poids est rapide et parfois plus forte qu'avant. C'est ce qu'on appelle l'effet yo-yo.

Il faut également souligner que l'excès de protéines conduit à une situation de « cétose », responsable de l'effet coupe-faim, qui n'est pas inoffensive. Les protéines en excès peuvent provoquer des lésions rénales (pouvant aller jusqu'à une insuffisance rénale) car ce sont de grosses molécules qui peuvent abîmer les petits organes (glomérules) qui permettent de filtrer le sang. Enfin, la quasi-totalité des protéines de ces régimes sont d'origine animale, ce qui augmente les quantités de graisses qui les accompagnent et conduit à des augmentations importantes du cholestérol sanguin et donc à un risque cardio-vasculaire.

Enfin, la privation importante de certains aliments et la réduction de l'appétit peuvent provoquer, notamment chez les jeunes adultes ou les adolescents, un phénomène d'anorexie, certes temporaire, mais en général suivi de séquences boulimiques entraînant des troubles du comportement alimentaire assez difficiles à traiter.

Tout au plus, on peut accepter de suivre une séquence courte de ce type de régime sur une semaine ou 10 jours maximum pour débuter un amaigrissement et freiner l'appétit.

Le jeûne total

Cette pratique n'est pas nouvelle, que le jeûne soit à vocation spirituelle ou nutritionnelle. Une alimentation limitée exclusivement à des bouillons, des tisanes et de l'eau ne nécessite ni connaissances nutritionnelles ni talents de cuisinier. Avec cette méthode radicale par excellence, la perte de poids est toujours au rendez-vous puisque l'organisme, ne disposant d'aucun apport calorique, puise dans ses réserves, entraînant une fonte rapide de la graisse. La faim disparaît en général au bout de deux à trois jours, ce qui explique une partie du succès de ce régime qui se pratique soit dans des cliniques, soit dans des « retraites » en pleine nature. Les pertes de poids sont de l'ordre de 10 kg en 15 jours et peuvent atteindre 20 kg en 45 jours. C'est ce qu'on observe notamment chez les grévistes de la faim. Le principal danger de cette technique, c'est l'accident cardiaque mortel. En effet, Claude Bernard, médecin et physiologiste, nous a expliqué que « le lapin à jeun mange du lapin » : l'organisme privé de ses ressources, pour pouvoir continuer à fonctionner et survivre, va puiser dans les réserves de protéines de ses organes nobles, cœur, reins, foie… L'immunité est considérablement altérée, la cicatrisation ne peut pas bien se faire, la peau ne pourra pas se renouveler, les muscles fondent. La reprise de l'alimentation entraînera une forte reprise de poids, d'autant que la perte observée s'est faite essentiellement au niveau des muscles et des organes, et non pas de la graisse.

Les régimes « mono-diète », comme ceux exclusivement à base de fruits, produisent les mêmes effets, puisqu'il y a certes un peu plus de calories, mais aussi peu de protéines. Bien que banalisés dans le grand public, les risques sont équivalents.

Le jeûne intermittent

Il consiste à alterner des périodes de jeûne et des périodes d'alimentation normale. Ces régimes sont réputés réduire le poids et la masse grasse. La durée des phases de jeûne est modulable. Les schémas de jeûne intermittent peuvent être regroupés en trois catégories :

- Le jeûne complet ou jeûne hydrique, où seuls l'eau ou des boissons non caloriques comme le thé ou le café sont consommés les jours de jeûne.
- Le jeûne en jour alterné, où on peut manger par exemple cinq jours par semaine et s'obliger à ne rien manger les deux jours restants.
- L'alimentation en temps restreint, où on autorise l'alimentation pendant une fraction de temps restreinte chaque jour.

Une forme de jeûne restreint s'est imposée, composée d'une abstinence alimentaire pendant 16 heures et d'une période de 8 heures au cours de laquelle on peut manger, peu importe le moment où cela se produit. Par exemple, si on a pris son dernier repas la veille vers 20 h, on saute le petit déjeuner et on commence à manger à midi. Ou encore, on décide de ne plus manger à partir de 15 h et de prendre le petit déjeuner à 8 h. Pendant cette période de 16 heures de jeûne, on peut quand même consommer des boissons, mais sans aucune calorie : café, thé, eau, infusion, le tout sans sucre.

Contrairement à une idée largement répandue, cette stratégie ne fait pas maigrir s'il n'y a pas de contrôle alimentaire pendant les 8 heures au cours desquelles on peut manger. Impossible de se gaver pendant 8 heures et d'obtenir un amaigrissement. En revanche, si l'alimentation est contrôlée pendant les 8 heures en fonction de l'objectif que l'on s'est fixé, alors on peut améliorer la cadence de l'amaigrissement. On ne peut pas s'en servir comme d'un régime définitif pour maigrir, mais on peut l'utiliser pour accélérer parfois la perte de poids. On peut le suivre éventuellement sur un mois, sans oublier qu'il est nécessaire d'adopter une rééducation alimentaire par la suite, le fait de décaler trop longtemps son alimentation sur ce modèle pouvant l'empêcher.

Les régimes végétariens ou bio

Selon certains, manger végétarien ou bio permettrait de maigrir. Rappelons que s'il n'y a pas une diminution de la ration énergétique, il n'y aura jamais d'amaigrissement, que l'on mange uniquement des aliments biologiques ou sans chair animale. Statistiquement, il est exact que ce phénomène se vérifie. Cependant, il est vraisemblable que les personnes qui adoptent ce modèle alimentaire sont beaucoup plus attentives à la qualité de leur nourriture, à la modération alimentaire et au choix de leurs aliments. De ce fait, l'hygiène alimentaire est une des composantes de l'hygiène de vie et favorise bien entendu la perte de poids ou le maintien d'un poids normal. Il en est de même chez les végétaliens – précisons que la supplémentation en vitamines B12, D et parfois d'autres minéraux ou d'autres vitamines est indispensable, puisqu'on les trouve principalement dans certains aliments contre-indiqués dans ce mode d'alimentation. On arrive à retrouver une qualité correcte de protéines en croisant les produits céréaliers avec les légumineuses. Si on applique ces régimes, il est préférable d'avoir une bonne connaissance du végétalisme pour éviter des problèmes de santé.

Weight Watchers®

Éternellement à la mode car il a bénéficié d'un marketing soutenu expliquant qu'il était le seul régime équilibré, il a été détourné de ses véritables origines. La vraie vertu de ce « régime » était les réunions de groupe qui permettaient, sur le modèle des Alcooliques anonymes, d'échanger autour des problèmes de comportement alimentaire, de se donner des astuces, de se faire accompagner, de se soutenir, bref, de trouver de la stimulation. La plupart du temps, les réunions sont animées par des non-professionnels de la nutrition. Cela peut être vu comme un avantage, car il y a la notion d'un sens commun qui facilite la conversation. Toutefois, cela limite les échanges, notamment quand les adeptes sont en échec. Car il n'y a en fait qu'un seul régime. Il évolue entre 1 200 et 1 500 calories selon l'usage que chacun en fait. Il est exact que ce modèle alimentaire est équilibré, mais impossible de le modifier dans les situations plus difficiles. Voilà pourquoi une fois parvenu à un palier, il n'y a plus grand-chose à faire à part le poursuivre à vie. Chaque année, on a le droit à une nouvelle surprise, comme compter des points au lieu des calories. En réalité, c'est strictement la même chose ! C'est une façon d'éviter le mot mais pas de modifier l'esprit du régime, qui consiste bien en une réduction de la consommation d'énergie par rapport à la dépense. Mais on peut leur pardonner, car il n'est pas nocif, sauf quand on culpabilise une personne au moment d'un palier d'amaigrissement, sans lui expliquer que c'est la suite naturelle d'un régime unique.

PARTIE 2

LA MÉTHODE COHEN : LES RÉGIMES

INTRODUCTION AUX RÉGIMES

On ne peut pas suivre le même régime pendant toute la durée d'un amaigrissement, vous l'avez probablement compris au travers des explications de la première partie. Il faut savoir adoucir le régime par moments pour stabiliser son poids avant de reprendre l'amaigrissement, remonter les quantités de nourriture progressivement et stabiliser avec beaucoup de précaution. Cela demande, dans tous les cas de figure, beaucoup de patience et d'endurance. L'amaigrissement est une course de fond, rarement un sprint.

Dans cette partie, vous ne trouverez pas un nouveau régime miracle que l'on appliquerait pour maigrir avant de reprendre une alimentation normale. Vous aurez à votre disposition une gamme de régimes. Vous pourrez suivre celui que j'appelle le régime Cohen qui est un régime pivot : on commence toujours avec ce régime, puis on alterne avec d'autres séquences. Les niveaux énergétiques n'étant pas les mêmes, il se décline en une version femme (régime Cohen) et une version homme (régime Cohen +). Vous disposerez d'une formule ultrarapide pour une perte de poids express (le régime œufs), et une formule rapide (le régime flash). Puis je vous proposerai des régimes pour rééquilibrer le poids et le maintenir.

LES GRANDS RÉGIMES

FEMMES

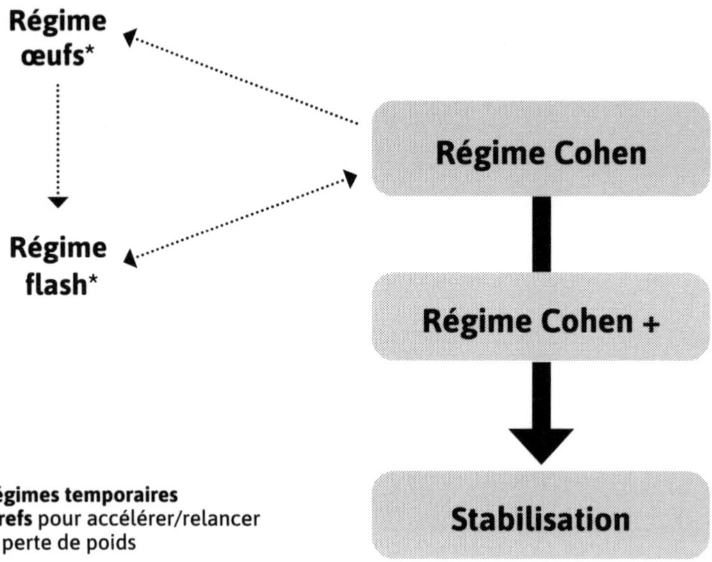

*** Régimes temporaires et brefs** pour accélérer/relancer une perte de poids

---

HOMMES

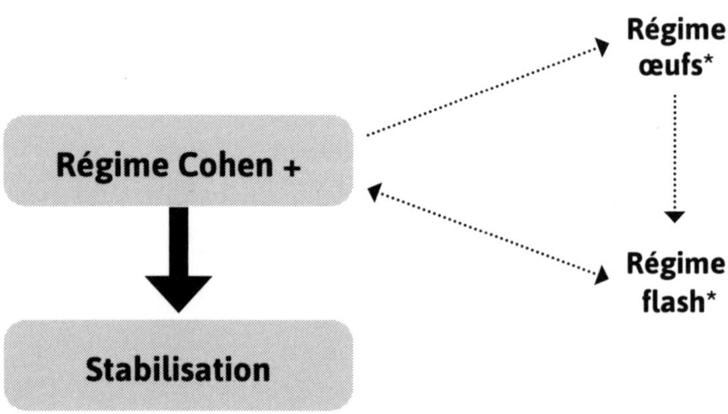

Les principes de base

- Ne sautez jamais de repas dans le but de maigrir plus vite car vous seriez tenté de manger plus au repas suivant. Par contre, vous avez le droit de le faire si vous n'avez pas d'appétit, dans ce cas, c'est une gestion de la notion appétit/satiété plutôt intéressante.
- Mangez assis et au calme le plus souvent possible.
- En cas de faim, buvez d'abord de l'eau ou une boisson light ou du café ou une infusion. Si la faim ne passe pas, consommez d'abord des produits diététiques : une pomme, un yaourt à 0 %, un œuf dur, des crudités à croquer. Si vraiment cela persiste, laissez-vous aller mais modérez votre consommation quel que soit le produit (chocolat ou autre).
- Il est préférable de boire 1 à 1,5 litre par jour mais ce n'est pas indispensable.
- Pesez-vous tous les 2 ou 3 jours à jeun sur la même balance après avoir uriné.
- Faites vos courses à l'avance et éliminez de la maison les produits qui vous tentent le plus.
- Vous pouvez toujours consommer à volonté : eau, café, thé, infusion ou encore un citron pressé dans de l'eau ainsi que les eaux pétillantes ou gazeuses (Perrier®, Badoit®) ou aromatisées.

- Les édulcorants peuvent être utilisés sans crainte. N'hésitez pas, pour contenter un désir de sucre, à en rajouter dans les compotes ou les yaourts à 0 %.
- Vous pouvez modifier la répartition des aliments dans la journée si vous le souhaitez, à condition d'utiliser tous les produits qui vous sont proposés et seulement ceux indiqués.
- Vous pouvez également sélectionner tous les produits du régime pour composer une recette à votre goût, à condition d'utiliser seulement les ingrédients de votre régime sans autres matières grasses que celles qui sont autorisées. *Exemple* : les tomates farcies ne sont rien d'autres que des crudités remplies avec 125 g de viande de veau cuite au four, on peut consommer la moitié d'un crottin de Chavignol sur un lit de salade assaisonnée avec une seule cuillerée à soupe d'huile, ce qui remplace 25 g de fromage et des crudités.
- N'oubliez jamais qu'on ne peut pas suivre un régime sans faire d'écart… Aussi n'hésitez pas à vous faire plaisir de temps en temps, il vous suffira de compenser votre écart par le fameux système de récupération qui est détaillé en début de troisième partie.
- Ne soyez jamais défaitiste : si vous ratez un jour, recommencez le lendemain. Seule la persévérance garantit le succès d'un régime.

Les grandes règles générales de composition des régimes

L'objectif d'un amaigrissement est bien entendu d'obtenir une perte de poids, mais également d'améliorer son état de santé sans pour autant supprimer le plaisir que l'on retire de l'alimentation. Voilà pourquoi il n'est pas question de parler d'aliments interdits mais plutôt d'aliments autorisés, c'est une démarche positive.

Seuls les régimes associés préservent notre santé. Tous les régimes qui privilégient une classe d'aliments, une catégorie de nutriments, en bref dissociés, auront un impact négatif pour notre santé avec des résultats qui ne seront pas toujours au rendez-vous.

- On doit retrouver en priorité dans un régime une ration de protéines car nos cellules en ont besoin chaque jour et à chaque repas. Il ne faut pas en amener trop et la quantité que nous devons consommer est à peu près constante. Nos besoins sont compris entre 0,9 g et 1,2 g par kilo et par jour.
- Les glucides ne sont pas nos ennemis. Ils fournissent l'énergie indispensable aux muscles et au travail des cellules de notre organisme. Ils peuvent calmer notre faim et apportent des calories qui sont souvent brûlées avant d'être stockées.
- La ration de fibres doit être suffisante car elles calment la faim, réduisent la densité calorique de nos

repas, ralentissent la vitesse à laquelle nous mangeons. Les crudités, légumes, céréales et fruits, dans lesquels nous les trouvons, représentent nos apports essentiels en vitamines et minéraux. Il faut donc en consommer largement.

- Les lipides ou les graisses sont les nutriments le plus susceptible de nous faire grossir, ne serait-ce que pour leur valeur calorique à 9 kcal/gramme. Cependant, sur le modèle du régime associé, il ne faut pas les supprimer tout au long du régime. En conserver un apport modéré permet de rendre les aliments plus agréables, de diminuer la vitesse de digestion des glucides et de fournir, bien sûr, les acides gras indispensables à notre corps.
- Il ne faut pas se forcer à manger des choses que l'on n'aime pas. Il suffit de piocher dans les listes d'équivalences pour se rapprocher le plus possible de ses propres goûts.
- Les compléments alimentaires, en particulier les vitamines, ne sont utiles, dans quelques cas, que pour les régimes express ou rapides. En dehors de ces situations, ils sont la plupart du temps inutiles, sauf sur indication de votre médecin.

LE RÉGIME ŒUFS

C'est une séquence de régime très rapide que les membres du programme Savoir Maigrir ont baptisé le régime œufs.

Cette formule « express » a pour but de vous faire perdre environ 3 à 4 kg en 1 semaine et face à une promesse si alléchante, j'ai souhaité vous expliquer réellement à qui cela s'adresse, en précisant qu'elle s'intègre à un protocole d'amaigrissement global sous peine d'une reprise de poids qui sera automatique.

Présentation

Dans les années 1920, les docteurs Evans et Strang proposèrent à leurs patients obèses des régimes beaucoup plus restrictifs et bien sûr plus efficaces. Il s'agissait de régimes à très basses calories, en général autour de 400 kcal par jour. L'idée a été reprise dans les années 1960, en y ajoutant une plus forte quantité de protéines pour éviter une fonte du volume des muscles et des organes ainsi qu'une perte d'eau. De nombreuses équipes fabriquèrent des mélanges de protéines en tentant de mettre au point la combinaison la plus efficace. Nous les avons utilisés dans les années 1980 à l'hôpital Bichat, en les accompagnant de règles de bon usage afin d'éviter le moindre problème. Le poids perdu consiste pour plus de 80 % en graisse, le reste correspond à une réduction du volume musculaire, une perte d'eau et un peu de perte d'organes.

Il faut cependant préciser que l'utilisation de ce régime diminue d'environ 10 à 15 % la dépense d'énergie car le corps s'adapte pour résister aux effets du régime. Voilà pourquoi il est nécessaire de suivre le programme à la lettre et de ne pas s'arrêter juste à la séquence de régime rapide. Si, à l'époque, la durée de ce type d'alimentation pouvait aller de 15 jours à 3 semaines, il est raisonnable aujourd'hui de la limiter strictement à 8 jours, quitte à la répéter tous les 2 ou 3 mois.

On peut pratiquer ce régime exclusivement avec des aliments, ce qui me semble préférable aux poudres de protéines que l'on trouve encore dans les pharmacies.

À titre de précision, vous pouvez avoir faim les deux ou les trois premiers jours mais la faim disparaîtra dès le troisième ou le quatrième jour.

Pour éviter la fatigue, il peut être préférable d'ajouter des polyvitamines que l'on achète en pharmacie et, si besoin, un à deux comprimés de potassium, surtout chez les personnes qui seraient en déficit (avec l'accord de votre médecin).

Indications pour ce régime ultrarapide

Je ne cesse de répéter que c'est sur la durée que la réussite d'une perte de poids se joue et je maintiens mes propos ! Toutefois, je sais très bien que, par moments, il peut être nécessaire de perdre vite.

Ces moments sont de différentes natures :

- liés à une urgence médicale, comme avant une intervention chirurgicale ou tout événement nécessitant une perte rapide de quelques kilos.
- exceptionnellement, au démarrage d'une séquence de perte de poids. Certains d'entre nous ont un réel besoin de rentrer de façon active dans le programme pour se motiver.
- en cas de stagnation/démotivation afin de rebooster la perte de poids et le moral.

Contre-indications : le diabète surtout insulino-dépendant, les femmes enceintes, les personnes souffrant de compulsions alimentaires, les troubles sévères du rythme cardiaque, une atteinte du foie ou du rein. En cas de doute, n'hésitez jamais à demander à votre médecin traitant s'il existe une contre-indication.

Mise en pratique

Sur cette semaine, vous allez consommer :

Petit déjeuner

2 ou 3 blancs d'œufs sans le jaune (le chiffre de 3 est préférable pour les hommes)

Un laitage à 0 %

Café, thé, eau, infusion à volonté et sans sucre

Déjeuner

2 ou 3 blancs d'œufs (surtout pour les hommes) + 1 œuf entier avec le jaune

Du bouillon de légumes à volonté

Un laitage à 0 %

250 ml d'eau avec un jus de citron

Dîner

2 ou 3 blancs d'œufs (surtout pour les hommes) + 1 œuf entier avec le jaune

Du bouillon de légumes à volonté

Un laitage à 0 %

250 ml d'eau avec un jus de citron

Il faudra boire dans la journée 1,5 l à 2 l d'eau, de préférence minérale.

Si vous avez faim, vous pouvez consommer les légumes qui ont servi à la réalisation du bouillon.

Équivalences

On peut remplacer les 2 ou 3 blancs d'œufs et l'œuf entier par :

- 100 g de jambon de volaille
- 100 g de blanc de poulet
- 100 g de poisson
- 100 g de tofu

On peut remplacer les 2 ou 3 blancs d'œufs sans le jaune par :

- 80 g de jambon de volaille
- 80 g de blanc de poulet
- 80 g de poisson
- 80 g de tofu

Les équivalences en termes de calories ne sont pas parfaites, mais l'important est d'arriver à une quantité de protéines suffisante, tout en limitant les calories. L'œuf reste quand même le meilleur ingrédient.

On peut remplacer le yaourt à 0 % de matière grasse par :

- Un yaourt au soja nature
- Un yaourt au lait de chèvre ou de brebis à 0 %
- 125 ml de lait écrémé (vache, brebis ou chèvre)

Comment ça marche ?

Les blancs d'œufs, associés ou non à 1 œuf entier, apportent des protéines de bonne valeur biologique qui vont éviter les fontes musculaires et assurer un bon rassasiement.

Le bouillon de légumes assure l'hydratation et évite les carences en vitamines et minéraux.

Le laitage à 0 % de MG (vous pouvez ajouter de la cannelle ou encore de la vanille en poudre pour le parfumer) assure les apports en calcium et complète les protéines de l'œuf.

Mode d'emploi (très important)

Après le régime des œufs, une réadaptation est INDISPENSABLE. Car si l'on revient brutalement au régime Cohen, il y aura une reprise de poids de 1,5 kg minimum. Il faut donc, à la suite de cette séquence, passer au régime flash pendant 8 jours minimum. Puis on reprend le régime Cohen pendant 1 mois minimum.

Il ne faut pas répéter cette séquence plus d'une fois tous les deux mois.

Je précise que pour beaucoup d'entre nous, il n'est pas toujours nécessaire d'utiliser cette formule pendant la durée d'un amaigrissement et qu'il faut bien en respecter les indications plus haut.

Comment consommer les blancs et jaunes d'œufs

En fonction du temps dont on dispose et de ses goûts, on peut :

- se contenter de consommer des œufs durs ou des blancs d'œufs durs, en se débarrassant (bien sûr c'est dommage) des jaunes.
- confectionner des galettes de blanc d'œuf, après les avoir battus. Dans ce cas, on les fait cuire dans une poêle antiadhésive ou graissée avec un papier ou un coton imbibé d'huile ou de beurre.
- battre les blancs d'œufs pour en faire une mousse, à la façon des blancs montés en neige.
- les pocher dans de l'eau bouillante.

Comment consommer les laitages

Tous les laitages à 0 % conviennent quel que soit le lait (vache, chèvre…) : petit-suisse, fromage blanc, yaourt, faisselle…

On peut même composer des mousses en utilisant une partie des blancs d'œufs pour les incorporer aux produits laitiers.

Les bouillons et boissons

Il ne faut pas utiliser les bouillons du commerce, mais les préparer soi-même avec plusieurs variétés de légumes et récupérer le bouillon sans les légumes, sauf en cas de faim. La cuisson peut être longue ou habituelle, peu importe.

Le café, le thé et les infusions doivent impérativement être consommés sans sucre, mais vous pouvez ajouter de l'édulcorant si vous le souhaitez.

L'eau minérale peut être nature ou bien infusée avec des herbes, à condition de ne pas la garder plus de deux jours au réfrigérateur.

N'oubliez pas de presser un citron dans l'eau pour récupérer quelques vitamines supplémentaires et bénéficier de l'acidité qui stimule les sécrétions digestives.

Quelques exemples de menus

Lundi

Petit déjeuner

Café, thé ou infusion sans sucre

100 g de fromage blanc nature à 0 %

Galette protéinée sucrée (voir recette p. 194)

Déjeuner

Bouillon maison de carottes au curry (voir recette p. 194)

Galette protéinée à la coriandre

1 yaourt nature à 0 %

Dîner

Bouillon maison de carottes au curry du déjeuner

Galette protéinée au thym

2 petits-suisses nature à 0 %

Mardi

Petit déjeuner

Café, thé ou infusion sans sucre

1 œuf dur

Mousse de fromage blanc vanillé (voir recette p. 193)

Déjeuner

Bouillon maison de poireau au safran

Galette protéinée à l'ail

100 g de fromage blanc nature à 0 %

Dîner

Bouillon maison de poireau au safran du déjeuner

Galette protéinée persillée

2 petits-suisses nature à 0 %

Mercredi

Petit déjeuner

Café, thé ou infusion sans sucre

Galette protéinée sucrée

1 yaourt nature à 0 %

Déjeuner

Bouillon maison de chou au paprika

Galette protéinée à l'aneth

100 g de fromage blanc nature à 0 %

Dîner

Bouillon maison de chou au paprika du déjeuner

Galette protéinée à l'ail

100 g de faisselle nature à 0 %

Jeudi

Petit déjeuner

Café, thé ou infusion sans sucre

Mousse de fromage blanc à la cannelle

1 œuf dur

Déjeuner

Bouillon maison de légumes variés

Galette protéinée persillée

1 yaourt nature à 0 % de MG

Dîner

Bouillon maison de légumes variés du déjeuner

Galette protéinée au thym

2 petits-suisses nature à 0 %

Les recettes

Mousse de fromage blanc

La recette pour 1 personne

- *100 g de fromage blanc nature à 0 %*
- *2 blancs d'œufs*
- *1 c. à café d'édulcorant en poudre*
- *Au choix, 2 cm de gousse de vanille ou cannelle en poudre*

Monter les blancs d'œufs en neige bien ferme en ajoutant en fin de préparation l'édulcorant.

Fendre la gousse de vanille en deux et récupérer les graines à l'aide d'un couteau. Les ajouter au fromage blanc et mélanger. Pour la version à la cannelle, remplacer la vanille par de la cannelle en poudre (doser en fonction de votre goût).

Enfin, incorporer les blancs en neige au fromage blanc vanillé, en soulevant le mélange délicatement. Verser dans une verrine ou un petit bol et mettre au frais 30 minutes avant dégustation.

Bouillon maison

La recette pour 1 personne

› *500 ml d'eau*

› *200 g de légumes frais ou surgelés nature au choix : poireaux, carottes, navets, haricots verts…*

› *Herbes, épices (curry, safran, paprika…), aromates*

Éplucher et laver tous les légumes. Les couper en morceaux de la même taille.

Dans une cocotte, déposer tous les légumes et l'assaisonnement. Couvrir avec l'eau. Faire cuire à couvert et à feu moyen pendant 45 minutes.

Vérifier la cuisson des légumes selon votre préférence (*al dente* ou bien cuits). Passer le bouillon au chinois et consommer à volonté !

Galette protéinée

La recette pour 1 personne

› *1 œuf entier*

› *2 blancs d'œufs*

› *1 c. à café d'édulcorant (pour la version sucrée) ou du sel (pour la version salée)*

› *Au choix : coriandre, persil, aneth, ail, thym…*

Battre l'œuf entier avec les blancs, l'édulcorant (pour la version sucrée) et l'arôme de votre choix.

Cuire cette galette dans une poêle à revêtement antiadhésif à sec, en la retournant comme une crêpe.

Rouler et déguster immédiatement.

Tout savoir sur les œufs

Les œufs ont longtemps été décriés en raison du cholestérol que contient leur jaune, alors qu'il s'agit d'un produit de grande qualité. En effet, 75 % du cholestérol sanguin est fabriqué par notre corps (à partir de l'ensemble des aliments) et 25 % provient d'aliments contenant du cholestérol. L'œuf étant un produit particulièrement rassasiant, il permet de limiter la prise alimentaire et donc la production de cholestérol à partir de l'alimentation totale. Il n'y en a pas du tout dans le blanc qui ne contient que des protéines (albumine) et des micronutriments. C'est pourquoi il n'y a aucun risque pour les personnes qui auraient un excès de cholestérol à suivre ce régime qui ne contient que 2 jaunes d'œufs par jour, surtout avec une restriction énergétique aussi forte. L'albumine n'augmentera pas dans le sang car elle sera dégradée au niveau du tube digestif pour être transformée en acides aminés qui pourront reformer de nouvelles protéines.

En termes de valeur nutritionnelle, 2 œufs de poule entiers apportent 160 calories, quasiment pas de glucides, environ 11,5 g de lipides et 12,8 g de protéines. Ajoutons que l'œuf est un produit également intéressant pour ses apports en vitamines : il contient 0,1 mg de vitamine D ; 0,34 mg de vitamine A ; 0,34 mg de vitamine B2 et 0,36 mg de vitamine B6. Le blanc d'un œuf est constitué d'albumine, une protéine source d'acides aminés de très bonne qualité alors que le jaune d'œuf se compose de lipides et de cholestérol, de sels minéraux, de vitamine A, de vitamine B, d'un peu d'albumine et de lutéine. La coloration d'une coquille n'a aucun rapport avec la valeur nutritionnelle des œufs.

Pour la qualité des œufs, mieux vaut opter pour des produits bio (code 0 sur la coquille) au mieux ou au moins élevés en plein air (code 1 sur la coquille).

Niveau hygiène, le risque bactériologique concernant les œufs est lié à la présence possible de la bactérie Salmonella. Il est important de respecter quelques règles :

- Mise sans délai au réfrigérateur.
- Le lavage est totalement interdit car il enlève la couche de protection qui protège l'œuf des contaminations bactériennes.
- La limite recommandée de consommation est de 28 jours. Mais quand on se rapproche de cette date, on privilégie la cuisson dure (9 minutes). Au moindre doute, cuire l'œuf à cœur (dur).

LE RÉGIME FLASH

Cette séquence de régime rapide fait partie des modèles alimentaires restrictifs. À ce titre, on ne peut pas la pratiquer sur de longues périodes sous peine d'avoir des carences en vitamines, en minéraux et en oligoéléments, sauf à la faire accompagner avec des compléments alimentaires prescrits par votre médecin (vitamines, potassium, magnésium…). Surtout, des restrictions trop longues pourraient générer des compulsions alimentaires. Cependant, ce régime est utile pour faire redémarrer la perte de poids en cas de freinage malgré des consignes suivies rigoureusement.

La durée de ce type d'alimentation peut aller jusqu'à 15 jours selon les cas (voir plus bas).

Indications pour ce régime ultrarapide

En général, je l'utilise par séquence de 48 heures après une période de régime Cohen ou Cohen +, en cas de stagnation ou de lenteur excessive de la perte. Cela permet d'assurer la fluidité de la perte de poids et d'éviter la démoralisation qui est notre souci permanent.

Selon les cas, on suivra ce régime :

- 48 heures lorsque la perte de poids est inférieure à 500 g chez les femmes et 700 g chez les hommes sur une période de 8 à 10 jours. La technique consiste à prendre un jour repère dans la semaine, puis à se peser le même jour de la semaine suivante. Si la perte de poids n'est pas au rendez-vous, on pratique ce régime pendant 48 heures. Par la suite, on recommence semaine après semaine.

- 8 jours en cas de stagnation/démotivation afin de rebooster la perte de poids et le moral lorsque la technique précédente n'a pas suffi.
- 15 jours quand on arrive près du poids souhaité pour raccourcir la fin du régime et créer une motivation supplémentaire.

Contre-indications : le diabète surtout insulino-dépendant, les femmes enceintes, les personnes souffrant de compulsions alimentaires. En cas de doute, n'hésitez jamais à demander à votre médecin traitant s'il existe une contre-indication.

Mise en pratique

Sur la période choisie, vous allez consommer :

Petit déjeuner

Café, thé ou infusion sans sucre

30 g de pain ou équivalences

10 g de beurre

1 laitage à 0 %

Déjeuner

Crudités + vinaigre au choix ou jus de citron

1 portion de viande, poisson ou œufs cuite sans matière grasse

Légumes cuits sans matière grasse

1 laitage nature à 0 %

Dîner

Crudités + sauce crudités maison (voir recette p. 299)

1 portion de viande, poisson ou œufs cuite sans matière grasse

Légumes cuits sans matière grasse

1 laitage nature à 0 %

Équivalences

On peut remplacer les 30 g de pain par :

- 30 g de pain aux céréales, complet, de seigle, de baguette de boulangerie, de pain sans gluten
- 15 g de pain + 100 g de fruit (un petit fruit)
- 2 biscottes (20 g)
- 2 petits pains suédois
- 3 Cracotte®
- 3 tartines craquantes sans gluten

- 3 galettes de riz complet nature ou aux quatre céréales nature
- 4 galettes fines de maïs nature
- 20 g de céréales nature ou de flocons d'avoine ou de muesli floconneux (à moins de 380 kcal/100 g)

On peut remplacer les 10 g de beurre par :

- 20 g de beurre allégé à 41 % de matière grasse
- 15 g de chocolat (noir, lait ou blanc)
- 1 œuf
- 4 cuillerées à café de graines de sésame
- 10 g de margarine à 82 % de matière grasse
- 20 g de margarine allégée à 41 % de matière grasse
- 60 g de jambon blanc découenné dégraissé ou de jambon de poulet ou de dinde
- 20 g d'olives noires
- 25 g d'olives vertes
- 2 cuillerées à soupe de crème à 15 % (30 g)
- 6 cuillerées à soupe de crème à 3 % de MG
- Exceptionnellement, 1 fruit
- Exceptionnellement, 2 cuillerées à café de confiture

Les laitages

- 1 yaourt nature à 0 % (125 g)
- 2 petits-suisses nature à 0 % (2 × 60 g)

- 1 faisselle nature à 0 % (100 g)
- 1 fromage blanc nature à 0 % (100 g)
- 3 cuillerées à café de poudre de lait écrémé (15 g)
- 1 yaourt aux fruits ou aromatisé à 0 % et sans sucres ajoutés (125 g) : vérifiez qu'il ne dépasse pas 55 kcal par pot en raison des petites dérives de certains industriels.
- 1 yaourt au soja nature et enrichi en calcium (100 g)
- 1 tranche de fromage pour burger ou croque-monsieur
- 30 g de cancoillotte
- 150 ml de boisson végétale nature enrichie en calcium : soja, amande, riz, avoine… (sauf châtaigne)

Les protéines

On peut choisir pour la viande :

Bœuf

- 100 g dégraissés d'onglet, de faux-filet ou de jarret
- 125 g dégraissés de bavette, de filet, de rosbif, de tende de tranche ou de viande hachée à 5 % de MG
- 150 g dégraissés de rumsteck

Porc

- 1 côte maigre (200 g avec les déchets)
- 125 g de rôti dans le filet ou de filet mignon

Veau

- 1 côte maigre (200 g avec les déchets)
- 125 g d'escalope ou de filet

Agneau

- 3 côtes premières maigres (200 g avec les déchets)
- 100 g dégraissés de gigot maigre ou d'épaule

Poulet

- 1 cuisse (200 g avec les déchets)
- 150 g de poulet
- 130 g de jambon de poulet

Canard

- 100 g d'escalope, d'aiguillettes ou de magret sans la peau
- 150 g de cuisse sans la peau

Dinde

- 130 g de jambon
- 150 g de blanc, d'aiguillettes ou de rôti

Lapin

- 1 cuisse ou 2 râbles (200 g avec les déchets)

Autres volailles

- 1 cuisse de pintade (200 g avec les déchets)
- 125 g de pintade sans la peau
- 100 g dégraissés de pigeon sans la peau
- 150 g de caille sans la peau

Autres viandes

- 100 g dégraissés de cheval
- 150 g de biche, d'autruche, de kangourou, de lièvre, de chevreuil, de sanglier
- 150 g de cuisses de grenouille

Charcuterie

- 130 g de jambon blanc découenné dégraissé
- 100 g de jambon sec dégraissé
- 120 g de filet de bacon
- 75 g de viande des Grisons
- 75 g de bresaola

On peut choisir pour les poissons et crustacés :

Poissons maigres

- 150 à 180 g de poisson maigre (sans les déchets) tel que :

Bar/loup	Barbue	Baudroie/lotte
Brochet	Cabillaud/morue	Cardine
Carrelet/plie	Colin/merlu	Congre
Dorade/sébaste/ rascasse	Empereur	Éperlan
Flétan	Grenadier	Grondin rouge
Haddock	Lieu noir/lieu jaune	Limande/sole
Lingue/julienne	Merlan	Perche
Raie	Rouget barbet	Sabre
Saint-pierre	Tacaud	Turbot

Poissons fumés

- 150 g de haddock ou d'églefin fumés
- 100 g de hareng fumé
- 80 g de saumon ou de truite fumés
- 65 g de maquereau fumé

Poissons gras

- 125 g de thon, truite, saumon, espadon
- 110 g d'anchois mariné ou de carpe
- 100 g de mulet
- 80 g de sardine ou de hareng
- 70 g de maquereau, d'anguille, de roussette, de mérou

Coquillages et crustacés

- 300 g de clams, praires ou palourdes
- 200 g d'écrevisses
- 130 g de bulots, de moules
- 120 g de crabe ou de tourteau

Les autres protéines :

- 2 ou 3 œufs cuits sans matière grasse, selon l'appétit
- 8 bâtonnets de surimi (150 g)
- 50 à 100 g de céréales cuites + 50 à 100 g de légumes secs cuits, selon l'appétit
- 120 g de tofu nature, de tempeh ou de seitan
- 60 g de fromage à moins de 45 % de MG sur extrait sec, soit moins de 25 % de MG sur produit fini

Les légumes

Vous pouvez consommer les légumes suivants :

Artichaut entier	Asperge	Aubergine
Blette	Brocoli	Cardon
Cèpe	Champignon de Paris	Chou blanc
Chou rouge	Chou vert	Chou-fleur
Choucroute cuite non cuisinée	Cœur de palmier	Concombre
Côte de céleri	Courgette	Endive
Épinard	Fenouil	Girolle
Navet	Oseille	Poivron
Potiron	Radis	Salade
Tomate		

Essayez de limiter la quantité à :

- 150 g pour

Betterave	Carotte	Céleri-rave
Haricot vert	Oignon	Poireau
Pousse de soja		

- 100 g pour

Chou de Bruxelles	Fond d'artichaut	Maïs
Petit pois	Salsifis	

- ½ avocat avec un jus de citron (sans vinaigrette) pour remplacer les crudités

Pour les légumes exotiques :

- 200 à 300 g de

Brède mafane	Brède songe	Chou-coco
Christophine (ou chouchou)	Gombo	Lalo
Margose	Moroungue	Palmiste
Pipangaille	Ti-concombre	Ti-jacques

- 150 à 200 g de giraumon ou de mangue verte

Quelques exemples de menus

Jour 1

Petit déjeuner

Café, thé ou infusion sans sucre

15 g de pain de boulangerie

5 g de beurre classique

1 yaourt nature à 0 % ou 150 ml de lait écrémé

1 pomme

Déjeuner

Carottes râpées citronnées, à satiété

125 g de pavé de saumon cuit sans matière grasse

Poireaux cuits sans matière grasse, à satiété

100 g de fromage blanc nature à 0 %

Dîner

Laitue à satiété + sauce légère (voir recette p. 299)

100 g de jambon sec dégraissé

Haricots verts cuits sans matière grasse, à satiété

2 petits-suisses nature à 0 %

Jour 2

Petit déjeuner

Café, thé ou infusion sans sucre

30 g de pain de boulangerie

10 g de beurre classique

2 petits-suisses nature à 0 % ou 150 ml de lait écrémé

Déjeuner

120 g de dés de betterave et vinaigre au choix

150 g de blanc de poulet cuit sans matière grasse

Brocolis cuits sans matière grasse, à satiété

1 yaourt nature à 0 %

Dîner

Radis roses, à satiété

2 œufs durs

Épinards cuits sans matière grasse, à satiété

100 g de fromage blanc nature à 0 %

Jour 3

Petit déjeuner

Café, thé ou infusion sans sucre

30 g de pain de boulangerie

30 g de camembert

Déjeuner

Concombre citronné, à satiété

150 g de dos de cabillaud cuit sans matière grasse

Purée de carottes sans matière grasse, à satiété

100 g de fromage blanc nature à 0 %

Dîner

Laitue à satiété + sauce légère

130 g de jambon blanc

Chou-fleur cuit sans matière grasse, à satiété

1 yaourt nature à 0 % de MG

Jour 4

Petit déjeuner

Café, thé ou infusion sans sucre

30 g de pain + 1 cuillerée à café de confiture

100 g de fromage blanc nature à 0 %

2 kiwis

Déjeuner

½ avocat citronné

2 râbles de lapin cuits sans matière grasse

Courgettes cuites sans matière grasse, à satiété

1 yaourt nature à 0 % de MG

Dîner

Salade de tomates + sauce légère (voir recette p. 299)

125 g d'escalope de veau cuite sans matière grasse

140 g de petits pois cuits sans matière grasse

100 g de fromage blanc nature à 0 % de MG

Si vous ne prenez pas de petit déjeuner, il suffit de l'utiliser comme collation en matinée, au goûter ou en soirée.
Toutes les collations ci-dessous ont une valeur calorique équivalente au petit déjeuner :

- Café, thé ou infusion sans sucre + 30 g de pain + 40 g de cancoillotte + 1 kiwi
- Café, thé ou infusion sans sucre + 30 g de pain + 15 g de chocolat
- Café, thé ou infusion sans sucre + 35 g de pain d'épice + 150 ml de lait écrémé
- Café, thé ou infusion sans sucre + 30 g de brioche + 1 yaourt nature à 0 %
- Café, thé ou infusion sans sucre + 3 petits-beurre + 150 ml de lait écrémé
- Café, thé ou infusion sans sucre + 30 g de céréales (choisir des céréales à moins de 380 kcal/100 g) + 100 ml de lait écrémé
- Café, thé ou infusion sans sucre + 30 g de pain + ½ tranche de jambon + 1 carré de fromage frais à 0 %
- Café, thé ou infusion sans sucre + 10 g d'amandes à croquer + 25 g d'abricots secs + 1 petit-beurre
- Café, thé ou infusion sans sucre + 3 boudoirs + 100 g de compote de fruits sans sucres ajoutés
- Café, thé ou infusion sans sucre + 30 g de pain + 1 œuf à la coque

LE RÉGIME COHEN

C'est le régime maître pour les femmes. Il est en effet le pivot de l'amaigrissement. On débute toujours par ce régime avant d'envisager de l'alterner avec des séquences plus rapides.

Les hommes ayant des dépenses énergétiques supérieures à celles des femmes, leur régime maître est le régime Cohen + (voir page 231).

Présentation

Ce régime équilibré sur le mode méditerranéen comporte les nutriments indispensables au bon fonctionnement de l'organisme, sans nécessité de prendre des compléments alimentaires.

Les quantités de crudités et de légumes ne sont pas précisées, on peut les augmenter en cas de faim. En effet, pour lutter contre la sensation de faim, il est préférable de consommer des produits à faible densité calorique plutôt que de craquer pour des aliments trop riches.

Pour la pesée des aliments, la balance n'est pas indispensable (voir page 307).

À partir des ingrédients proposés, on peut imaginer des recettes, selon ses goûts, à condition de respecter les quantités conseillées. Un écart de temps en temps est possible (voire souhaitable) à condition de remplacer le repas suivant par un repas de récupération (voir page 266).

Le thé, le café et les infusions sont bien sûr à volonté. Il est recommandé de boire 1,5 l à 2 l d'eau par jour (thé, café et infusions inclus).

Indications

Commencez par ce régime pendant une période de 15 jours au minimum, même si vous envisagez une des autres formules. Si les résultats sont au rendez-vous, c'est-à-dire une perte de poids de 1,5 à 2,5 kg en 15 jours, poursuivez jusqu'à atteindre une stagnation qui dure au minimum 8 jours.

Lorsque le plateau de perte de poids est atteint, on passe à une séquence de régime flash de 48 heures (voir page 197). On reprend ensuite le régime Cohen et on alterne ainsi les séquences à chaque stagnation de poids.

Pour accélérer la perte de poids, on peut couper ce régime avec le régime œufs en respectant strictement son mode d'emploi (voir page 181).

C'est toujours à partir du régime Cohen que l'on débute l'étape de stabilisation. On y revient chaque fois qu'on constate une reprise de poids de 1 kg ou plus qui s'installe pendant une semaine.

Contre-indications

Ce régime ne doit pas être utilisé au-delà du troisième mois de grossesse. Du quatrième à la fin du sixième mois, il faut augmenter les apports de 200 calories, puis de 400 calories jusqu'à la fin de la grossesse et pendant l'allaitement.

Pour les diabétiques insulino-dépendants, il faut ajuster les doses d'insuline avec le contrôle de son médecin sous peine d'observer des hypoglycémies sévères.

En cas d'insuffisance rénale, il faut diminuer les protéines (viande, poisson, œuf…) de moitié et les remplacer par 200 g de féculents et/ou de légumineuses de plus par jour.

Mise en pratique

Petit déjeuner

Café, thé ou infusion sans sucre

30 g de pain de boulangerie (1 tranche de pain complet, aux céréales, de campagne ou ⅛ de baguette tradition)

10 g de beurre classique (une portion individuelle du commerce)

1 laitage nature à 0 % ou 150 ml de lait écrémé

1 fruit

Déjeuner

Crudités + sauce vinaigrette allégée maison (voir recette page 297)

1 portion de viande, poisson ou œufs, cuite sans matière grasse

100 g de féculents cuits sans matière grasse (30 g crus)

Légumes cuits sans matière grasse

1 laitage nature à 0 %

1 fruit

Dîner

Crudités + sauce vinaigrette allégée maison (voir recette page 297)

1 portion de viande, poisson ou œufs, cuite sans matière grasse

Légumes cuits sans matière grasse

1 portion de 20 à 40 g de fromage (selon les fromages)

1 fruit

30 g de pain de boulangerie (1 tranche de pain complet, aux céréales, de campagne ou ⅛ de baguette tradition)

Équivalences

On peut remplacer les 30 g de pain par :

- 30 g de pain aux céréales, complet, de seigle, de baguette de boulangerie, de pain sans gluten
- 15 g de pain + 100 g de fruit (un petit fruit)
- 2 biscottes (20 g)
- 2 petits pains suédois
- 3 Cracotte®
- 3 tartines craquantes sans gluten
- 3 galettes de riz complet nature ou aux quatre céréales nature
- 4 galettes fines de maïs nature
- 20 g de céréales nature ou de flocons d'avoine ou de muesli floconneux (à moins de 380 kcal/100 g)

On peut remplacer les 10 g de beurre par :

- 20 g de beurre allégé à 41 % de matière grasse
- 15 g de chocolat (noir, lait ou blanc)
- 1 œuf
- 4 cuillerées à café de graines de sésame
- 10 g de margarine à 82 % de matière grasse
- 20 g de margarine allégée à 41 % de matière grasse
- 60 g de jambon blanc découenné dégraissé ou de jambon de poulet ou de dinde
- 20 g d'olives noires ou 25 g d'olives vertes
- 2 cuillerées à soupe de crème à 15 % (30 g)
- 6 cuillerées à soupe de crème à 3 % de MG
- Exceptionnellement, 1 fruit ou 2 cuillerées à café de confiture

Les laitages

- 1 yaourt nature à 0 % (125 g)
- 2 petits-suisses nature à 0 % (2 × 60 g)
- 1 faisselle nature à 0 % (100 g)
- 1 fromage blanc nature à 0 % (100 g)
- 3 cuillerées à café de poudre de lait écrémé (15 g)
- 1 yaourt aux fruits ou aromatisé à 0 % et sans sucres ajoutés (125 g) : vérifiez qu'il ne dépasse pas 55 kcal par pot en raison des petites dérives de certains industriels.

- 1 yaourt au soja nature et enrichi en calcium (100 g)
- 1 tranche de fromage pour burger ou croque-monsieur
- 30 g de cancoillotte
- 150 ml de boisson végétale nature enrichie en calcium : soja, amande, riz, avoine… (sauf châtaigne)

Les protéines

On peut choisir pour la viande :

Bœuf

- 100 g dégraissés d'onglet, de faux-filet ou de jarret
- 125 g dégraissés de bavette, de filet, de rosbif, de tende de tranche ou de viande hachée à 5 % de MG
- 150 g dégraissés de rumsteck

Porc

- 1 côte maigre (200 g avec les déchets)
- 125 g de rôti dans le filet ou de filet mignon

Veau

- 1 côte maigre (200 g avec les déchets)
- 125 g d'escalope ou de filet

Agneau

- 3 côtes premières maigres (200 g avec les déchets)
- 100 g dégraissés de gigot maigre ou d'épaule

Poulet

- 1 cuisse (200 g avec les déchets)
- 150 g de poulet
- 130 g de jambon de poulet

Canard

- 100 g d'escalope, d'aiguillettes ou de magret sans la peau
- 150 g de cuisse sans la peau

Dinde

- 130 g de jambon
- 150 g de blanc, d'aiguillettes ou de rôti

Lapin

- 1 cuisse ou 2 râbles (200 g avec les déchets)

Autres volailles

- 1 cuisse de pintade (200 g avec les déchets)
- 125 g de pintade sans la peau
- 100 g dégraissés de pigeon sans la peau
- 150 g de caille sans la peau

Autres viandes

- 100 g dégraissés de cheval
- 150 g de biche, d'autruche, de kangourou, de lièvre, de chevreuil, de sanglier
- 150 g de cuisses de grenouille

Charcuterie

- 130 g de jambon blanc découenné dégraissé
- 100 g de jambon sec dégraissé
- 120 g de filet de bacon
- 75 g de viande des Grisons
- 75 g de bresaola

On peut choisir pour les poissons et crustacés :

Poissons maigres

- 150 à 180 g de poisson maigre (sans les déchets) tel que :

Bar/loup	Barbue	Baudroie/lotte
Brochet	Cabillaud/morue	Cardine
Carrelet/plie	Colin/merlu	Congre
Dorade/sébaste/rascasse	Empereur	Éperlan
Flétan	Grenadier	Grondin rouge
Haddock	Lieu noir/lieu jaune	Limande/sole
Lingue/julienne	Merlan	Perche
Raie	Rouget barbet	Sabre
Saint-pierre	Tacaud	Turbot

Poissons fumés

- 150 g de haddock ou d'églefin fumés
- 100 g de hareng fumé
- 80 g de saumon ou de truite fumés
- 65 g de maquereau fumé

Poissons gras

- 125 g de thon, truite, saumon ou espadon
- 110 g d'anchois mariné ou de carpe
- 100 g de mulet
- 80 g de sardine ou de hareng
- 70 g de maquereau, d'anguille, de roussette, de mérou

Coquillages et crustacés

- 300 g de clams, praires ou palourdes
- 200 g d'écrevisses
- 130 g de bulots, de moules
- 120 g de crabe ou de tourteau

Les autres protéines

- 2 ou 3 œufs cuits sans matière grasse, selon l'appétit
- 8 bâtonnets de surimi (150 g)
- 50 à 100 g de céréales cuites + 50 à 100 g de légumes secs cuits, selon l'appétit
- 120 g de tofu nature, de tempeh ou de seitan
- 60 g de fromage à moins de 45 % de MG sur extrait sec, soit moins de 25 % de MG sur produit fini

Les légumes

Vous pouvez consommer les légumes suivants :

Artichaut entier	Asperge	Aubergine
Blette	Brocoli	Cardon
Cèpe	Champignon de Paris	Chou blanc
Chou rouge	Chou vert	Chou-fleur
Choucroute cuite non cuisinée	Cœur de palmier	Concombre
Côte de céleri	Courgette	Endive
Épinard	Fenouil	Girolle
Navet	Oseille	Poivron
Potiron	Radis	Salade
Tomate		

Essayez de limiter la quantité à :

- 150 g pour

Betterave	Carotte	Céleri-rave
Haricot vert	Oignon	Poireau
Pousse de soja		

- 100 g pour

Chou de Bruxelles	Fond d'artichaut	Maïs
Petit pois	Salsifis	

- ½ avocat avec un jus de citron (sans vinaigrette) pour remplacer les crudités

Pour les légumes exotiques :

- 200 à 300 g de

Brède mafane	Brède songe	Chou-coco
Christophine (ou chouchou)	Gombo	Lalo
Margose	Moroungue	Palmiste
Pipangaille	Ti-concombre	Ti-jacques

- 150 à 200 g de giraumon ou de mangue verte

Les féculents

Céréales et légumineuses

- 100 g cuits (30 g crus) parmi

Nouilles chinoises	Pâtes	Vermicelles
Amarante	Blé	Boulgour
Polenta	Quinoa	Riz
Sarrasin	Semoule	Tapioca (semoule de manioc)
Fèves	Flageolets	Haricots secs
Lentilles	Pois cassés	Pois chiches

Légumes

- 2 pommes de terre de la taille d'un œuf, ou une grosse pomme de terre (125 g)
- 100 g de maïs en grains
- 160 g de patate douce, d'igname, de songe (ou taro), de fèves fraîches
- 75 g de banane plantain
- 50 g de châtaignes grillées ou 75 g en conserve

Pain et associés

- 40 g de pain complet (soit 1/6 de baguette ou 3 petites tranches de pain), de pain sans gluten
- 30 g de pain azyme
- 3 biscottes
- 3 petits pains suédois
- 4 Cracotte®
- 4 galettes de riz
- 30 g de pétales de céréales nature, de flocons d'avoine ou de muesli (à moins de 380 kcal/100 g)
- 30 g de farine, de fécule de maïs ou de fécule de pomme de terre
- 1 galette bretonne au sarrasin nature (60 g)…

Les fromages

20 g de fromage classique ou 40 g de fromage diététique

Abondance de Savoie	Beaufort	Bleu d'Auvergne
Bleu de Bresse	Boulettes d'Avesnes	Brie
Brique au lait de brebis	Bûche de chèvre	Cabécou
Camembert	Chaource	Comté
Coulommiers	Emmental	Feta
Gouda	Livarot	Mimolette
Mont d'or	Munster	Neufchâtel
Parmesan	Pont-l'évêque	Port-Salut
Reblochon	Roquefort	Saint-marcellin
Saint-nectaire	Sainte-Maure-de-Touraine	Selles-sur-cher
Tomme de Savoie	Vacherin	…

On peut remplacer le fromage par :

- 2 yaourts nature à 0 % (2 × 125 g)
- 110 g de fromage blanc nature à 20 % de matière grasse sur extrait sec, soit moins de 4 % sur produit fini
- 175 ml de lait demi-écrémé
- 130 ml de lait entier
- 60 g de jambon blanc découenné dégraissé
- 130 ml de lait de chèvre entier
- 1 œuf
- 60 g de cancoillotte
- 50 g de ricotta
- 40 g de chèvre frais ou de mozzarella
- 80 ml de lait de brebis entier
- 10 g de beurre
- 1 yaourt nature au lait entier sans sucre (125 g)
- 10 à 15 g de graines oléagineuses (noix, noisettes, amandes, pistaches…)

Les fruits

Vous pouvez consommer :

1 pomme	1 poire
1 orange	3 ou 4 abricots
1 pêche	1 nectarine
3 mandarines	3 clémentines
2 kiwis	5 ou 6 reines-claudes
2 tranches et demie d'ananas	300 g de melon
200 g de fraises, pastèques, mûres, myrtilles, ananas, pamplemousse…	

Il faut simplement surveiller certains fruits et se limiter à 125 g de cerises ou de raisins ou 80 g de banane. Vous pouvez aussi consommer 150 ml de pur jus de fruits sans sucres ajoutés (1 verre).

On peut remplacer les fruits par :

- 100 g de compote sans sucres ajoutés (1 pot)
- 30 g de confiture, de miel, de sirop d'agave ou de sirop d'érable au choix (1 cuillerée à soupe)
- 30 g de fruits secs

Abricots secs	Bananes séchées
Dattes	Figues sèches
Pruneaux	Pulpe de pruneau
Raisins secs	

- Des fruits au sirop égouttés :

140 g de poires au sirop	70 g de cerises ou de litchis au sirop
110 g de goyave, d'abricots, de pêches ou d'ananas au sirop, de cocktail ou de macédoine de fruits au sirop	

Quelques exemples de repas

Les petits déjeuners

30 g de pain

10 g de beurre allégé

150 ml de jus d'orange pressée avec la pulpe

100 g de fromage blanc à 0 %

150 ml de lait écrémé

40 g de céréales

2 kiwis

30 g de pain

20 g de comté

1 tranche de jambon

1 orange

30 g de pain

5 g de beurre

1 œuf

3 abricots secs

150 ml de lait + 1 cuillerée à soupe de cacao

2 biscottes

10 g de beurre

½ pamplemousse

Les déjeuners ou dîners

Tomates en vinaigrette avec 30 g de mozzarella
+ 1 cuillerée à café d'huile

1 cuisse de poulet rôti sans la peau

Carottes poêlées au thym avec 160 g de patates douces

1 kaki

½ avocat au paprika et jus de citron

125 g de pavé de saumon en papillote à l'aneth

Fondue de poireaux safranée

100 g de quinoa

1 yaourt nature

1 compote sans sucres ajoutés

Mâche en vinaigrette avec 1 cuillerée à café d'huile de noix

1 toast au chèvre chaud (30 g de pain + 30 g de chèvre)

2 œufs mollets

Courgettes poêlées sans matière grasse au coulis de tomate

1 poire

Céleri-rave râpé en vinaigrette avec 1 cuillerée à café d'huile

100 g de riz cuit (30 g cru) + 50 g de haricots rouges au coulis de tomate et paprika

Tomates provençales

2 petits-suisses à 0 % + cannelle

2 clémentines

100 g de taboulé maison sans matière grasse

1 filet de cabillaud au jus de citron, curry et lait de coco

Écrasé de butternut maison

100 g de fromage blanc nature à 0 %

1 petite banane

Carottes râpées et raisins secs persillés en vinaigrette avec 1 cuillerée à café d'huile d'olive

2 tranches de rosbif, moutarde

Haricots verts poêlés à l'ail

30 g de camembert

30 g de pain

LE RÉGIME COHEN +

Les hommes ayant des dépenses énergétiques supérieures à celles des femmes, ce régime en version hommes reprend donc le principe du régime Cohen avec quelques adaptations.

Les apports caloriques étant un peu plus élevés, ce régime sert aussi de première phase de stabilisation pour les femmes.

Présentation

Le choix des aliments est le même que dans le régime précédent avec des augmentations de quantité pour certains d'entre eux : ce régime peut donc être suivi en couple, voire en famille. Il suffit dans ce cas d'adapter la ration selon chacun, de mettre les sauces à part, de cuisiner sans matière grasse et de les ajouter après cuisson, et de laisser les plus gourmands se servir eux-mêmes dans le réfrigérateur ou les placards de la cuisine.

Il n'y a absolument aucun besoin de compléments en vitamines, en minéraux et en oligoéléments car, à ce stade, l'ensemble des besoins nutritionnels sont couverts.

Indications

Nous avons vu dans un autre chapitre que les hommes dépensent un peu plus d'énergie que les femmes. Il faut donc, pour la prescription d'un régime, augmenter le niveau énergétique de 15 à 20 %. La perte de poids peut être de l'ordre de 5 à 6 kg par mois si le régime est suivi correctement, parfois même plus chez les sujets jeunes et/ou sportifs qui s'appliquent à le suivre parfaitement bien.

C'est aussi la première phase de stabilisation pour les femmes après le régime Cohen.

On peut suivre ce régime pendant le deuxième trimestre de la grossesse.

C'est un modèle alimentaire équilibré pour les jeunes adolescents entre 10 et 12 ans si l'on a besoin de contrôler leur poids. Après cet âge, il faudra monter le niveau d'énergie en raison des besoins accrus.

Mise en pratique

La proposition qui est faite ci-dessous n'empêche pas de répartir les aliments d'une autre façon. Par exemple, on peut regrouper les féculents sur un seul repas, fractionner le petit déjeuner, réserver le fruit pour le consommer à un autre moment de la journée… Le volume et la totalité des aliments doivent simplement être consommés au cours des 24 heures de la journée.

Petit déjeuner

Café, thé ou infusion sans sucre

60 g de pain de boulangerie (complet, céréales, campagne ou baguette tradition)

10 g de beurre classique

1 laitage nature à 20 % ou 150 ml de lait demi-écrémé

1 fruit

Déjeuner

Crudités + sauce vinaigrette allégée maison (voir recette page 297)

1 portion de viande, poisson ou œufs, cuite sans matière grasse

150 g de féculents cuits sans matière grasse (50 g crus)

Légumes cuits sans matière grasse

1 laitage nature à 20 %

1 fruit

Dîner

Crudités + sauce vinaigrette allégée maison (voir recette page 297)

1 portion de viande, poisson ou œufs, cuite sans matière grasse

Légumes cuits sans matière grasse

1 portion de fromage de 20 à 40 g (selon les fromages)

1 fruit

30 g de pain de boulangerie (complet, céréales, campagne ou baguette tradition)

Équivalences

On peut remplacer les 60 g de pain par :

- 60 g de pain aux céréales, complet, de seigle, de baguette de boulangerie, de pain sans gluten
- 30 g de pain + 100 g de fruit (un petit fruit)
- 4 biscottes (40 g)
- 4 petits pains suédois
- 6 Cracotte®
- 6 tartines craquantes sans gluten
- 6 galettes de riz complet nature ou aux quatre céréales nature
- 8 galettes fines de maïs nature
- 40 g de céréales nature ou de flocons d'avoine ou de muesli floconneux (à moins de 380 kcal/100 g)

On peut remplacer les 10 g de beurre par :

- 20 g de beurre allégé à 41 % de matière grasse
- 15 g de chocolat (noir, lait ou blanc)
- 1 œuf
- 4 cuillerées à café de graines de sésame
- 10 g de margarine à 82 % de matière grasse
- 20 g de margarine allégée à 41 % de matière grasse
- 60 g de jambon blanc découenné dégraissé ou de jambon de poulet ou de dinde
- 20 g d'olives noires
- 25 g d'olives vertes
- 2 cuillerées à soupe de crème à 15 % (30 g)
- 6 cuillerées à soupe de crème à 3 % de MG
- Exceptionnellement, 1 fruit
- Exceptionnellement, 2 cuillerées à café de confiture

Les laitages

- 1 yaourt nature à 0 % (125 g)
- 2 petits-suisses nature à 0 % (2 × 60 g)
- 1 faisselle nature à 0 % (100 g)
- 1 fromage blanc nature à 0 % (100 g)
- 3 cuillerées à café de poudre de lait écrémé (15 g)
- 1 yaourt aux fruits ou aromatisé à 0 % et sans sucres ajoutés (125 g) : vérifiez qu'il ne dépasse pas 55 kcal par pot en raison des petites dérives de certains industriels.

- 1 yaourt au soja nature et enrichi en calcium (100 g)
- 1 tranche de fromage pour burger ou croque-monsieur
- 30 g de cancoillotte
- 150 ml de boisson végétale nature enrichie en calcium : soja, amande, riz, avoine… (sauf châtaigne)

Les protéines

On peut choisir pour la viande :

Bœuf

- 100 g dégraissés d'onglet, de faux-filet ou de jarret
- 125 g dégraissés de bavette, de filet, de rosbif, de tende de tranche ou de viande hachée à 5 % de MG
- 150 g dégraissés de rumsteck

Porc

- 1 côte maigre (200 g avec les déchets)
- 125 g de rôti dans le filet ou de filet mignon

Veau

- 1 côte maigre (200 g avec les déchets)
- 125 g d'escalope ou de filet

Agneau

- 3 côtes premières maigres (200 g avec les déchets)
- 100 g dégraissés de gigot maigre ou d'épaule

Poulet

- 1 cuisse (200 g avec les déchets)
- 150 g de poulet
- 130 g de jambon de poulet

Canard

- 100 g d'escalope, d'aiguillettes ou de magret sans la peau
- 150 g de cuisse sans la peau

Dinde

- 130 g de jambon
- 150 g de blanc, d'aiguillettes ou de rôti

Lapin

- 1 cuisse ou 2 râbles (200 g avec les déchets)

Autres volailles

- 1 cuisse de pintade (200 g avec les déchets)
- 125 g de pintade sans la peau
- 100 g dégraissés de pigeon sans la peau
- 150 g de caille sans la peau

Autres viandes

- 100 g dégraissés de cheval
- 150 g de biche, d'autruche, de kangourou, de lièvre, de chevreuil, de sanglier
- 150 g de cuisses de grenouille

Charcuterie

- 130 g de jambon blanc découenné dégraissé
- 100 g de jambon sec dégraissé
- 120 g de filet de bacon
- 75 g de viande des Grisons
- 75 g de bresaola

On peut choisir pour les poissons et crustacés :

Poissons maigres

- 150 à 180 g de poisson maigre (sans les déchets) tel que :

Bar/loup	Barbue	Baudroie/lotte
Brochet	Cabillaud/morue	Cardine
Carrelet/plie	Colin/merlu	Congre
Dorade/sébaste/ rascasse	Empereur	Éperlan
Flétan	Grenadier	Grondin rouge
Haddock	Lieu noir/lieu jaune	Limande/sole
Lingue/julienne	Merlan	Perche
Raie	Rouget barbet	Sabre
Saint-pierre	Tacaud	Turbot

Poissons fumés

- 150 g de haddock ou d'églefin fumés
- 100 g de hareng fumé
- 80 g de saumon ou de truite fumés
- 65 g de maquereau fumé

Poissons gras

- 125 g de thon, truite, saumon ou espadon
- 110 g d'anchois mariné ou de carpe
- 100 g de mulet
- 80 g de sardine ou de hareng
- 70 g de maquereau, d'anguille, de roussette, de mérou

Coquillages et crustacés

- 300 g de clams, praires ou palourdes
- 200 g d'écrevisses
- 130 g de bulots, de moules
- 120 g de crabe ou de tourteau

Les autres protéines

- 2 ou 3 œufs cuits sans matière grasse, selon l'appétit
- 8 bâtonnets de surimi (150 g)
- 50 à 100 g de céréales cuites + 50 à 100 g de légumes secs cuits, selon l'appétit
- 120 g de tofu nature, de tempeh ou de seitan
- 60 g de fromage à moins de 45 % de MG sur extrait sec, soit moins de 25 % de MG sur produit fini

Les légumes

Vous pouvez consommer les légumes suivants :

Artichaut entier	Asperge	Aubergine
Blette	Brocoli	Cardon
Cèpe	Champignon de Paris	Chou blanc
Chou rouge	Chou vert	Chou-fleur
Choucroute cuite non cuisinée	Cœur de palmier	Concombre
Côte de céleri	Courgette	Endive
Épinard	Fenouil	Girolle
Navet	Oseille	Poivron
Potiron	Radis	Salade
Tomate		

Essayez de limiter la quantité à :

- 150 g pour

Betterave	Carotte	Céleri-rave
Haricot vert	Oignon	Poireau
Pousse de soja		

- 100 g pour

Chou de Bruxelles	Fond d'artichaut	Maïs
Petit pois	Salsifis	

- ½ avocat avec un jus de citron (sans vinaigrette) pour remplacer les crudités

Pour les légumes exotiques :

- 200 à 300 g de

Brède mafane	Brède songe	Chou-coco
Christophine (ou chouchou)	Gombo	Lalo
Margose	Moroungue	Palmiste
Pipangaille	Ti-concombre	Ti-jacques

- 150 à 200 g de giraumon ou de mangue verte

Les féculents

Céréales et légumineuses

- 150 g cuits (50 g crus) parmi

Nouilles chinoises	Pâtes	Vermicelles
Amarante	Blé	Boulgour
Polenta	Quinoa	Riz
Sarrasin	Semoule	Tapioca (semoule de manioc)
Fèves	Flageolets	Haricots secs
Lentilles	Pois cassés	Pois chiches

Légumes

- 1 ou 2 pommes de terre en fonction de leur taille (200 g)
- 150 g de maïs en grains
- 200 g de patate douce, d'igname, de songe (ou taro), de fèves fraîches
- 100 g de banane plantain
- 80 g de châtaignes grillées ou 100 g en conserve

Pain et associés

- 60 g de pain complet (soit un quart de baguette ou 4 petites tranches de pain), de pain sans gluten
- 50 g de pain azyme
- 4 biscottes
- 4 petits pains suédois
- 6 Cracotte®
- 6 galettes de riz
- 50 g de pétales de céréales nature, de flocons d'avoine ou de muesli (à moins de 380 kcal/100 g)
- 50 g de farine, de fécule de maïs ou de fécule de pomme de terre
- 1 galette bretonne ½ au sarrasin nature (90 g)…

Les fromages

20 g de fromage classique ou 40 g de fromage diététique

Abondance de Savoie	Beaufort	Bleu d'Auvergne
Bleu de Bresse	Boulettes d'Avesnes	Brie
Brique au lait de brebis	Bûche de chèvre	Cabécou
Camembert	Chaource	Comté
Coulommiers	Emmental	Feta
Gouda	Livarot	Mimolette
Mont d'or	Munster	Neufchâtel
Parmesan	Pont-l'évêque	Port-Salut
Reblochon	Roquefort	Saint-marcellin
Saint-nectaire	Sainte-Maure-de-Touraine	Selles-sur-cher
Tomme de Savoie	Vacherin	…

On peut remplacer le fromage par :

- 2 yaourts nature à 0 % (2 × 125 g)
- 110 g de fromage blanc nature à 20 % de matière grasse sur extrait sec, soit moins de 4 % sur produit fini
- 175 ml de lait demi-écrémé
- 130 ml de lait entier
- 60 g de jambon blanc découenné dégraissé
- 130 ml de lait de chèvre entier
- 1 œuf
- 60 g de cancoillotte
- 50 g de ricotta
- 40 g de chèvre frais ou de mozzarella
- 80 ml de lait de brebis entier
- 10 g de beurre
- 1 yaourt nature au lait entier sans sucre (125 g)
- 10 à 15 g de graines oléagineuses (noix, noisettes, amandes, pistaches…)

Les fruits

Vous pouvez consommer :

1 pomme	1 poire
1 orange	3 ou 4 abricots
1 pêche	1 nectarine
3 mandarines	3 clémentines
2 kiwis	5 ou 6 reines-claudes
2 tranches et demie d'ananas	300 g de melon
200 g de fraises, pastèques, mûres, myrtilles, ananas, pamplemousse…	

Il faut simplement surveiller certains fruits et se limiter à 125 g de cerises ou de raisins ou 80 g de banane. Vous pouvez aussi consommer 150 ml de pur jus de fruits sans sucres ajoutés (1 verre).

On peut remplacer les fruits par :

- 100 g de compote sans sucres ajoutés (1 pot)
- 30 g de confiture, de miel, de sirop d'agave ou de sirop d'érable au choix (1 cuillerée à soupe)
- 30 g de fruits secs

Abricots secs	Bananes séchées
Dattes	Figues sèches
Pruneaux	Pulpe de pruneau
Raisins secs	

- Des fruits au sirop égouttés :

140 g de poires au sirop	70 g de cerises ou de litchis au sirop
110 g de goyave, d'abricots, de pêches ou d'ananas au sirop, de cocktail ou de macédoine de fruits au sirop	

LA « STABILISATION » POUR UN RÉÉQUILIBRAGE ALIMENTAIRE DURABLE

J'ai longtemps hésité sur le titre de ce nouveau chapitre car le mot stabilisation m'a toujours dérangé. On fait croire depuis des décennies que la stabilisation est la dernière étape pour clore toute l'opération de la perte de poids. Un peu comme s'il fallait simplement remplir une dernière tâche et reprendre le cours de sa vie alimentaire comme auparavant. C'est une grossière erreur.

J'ai entendu un très grand nombre de fois des personnes me dire qu'elles avaient repris du poids parce que, pour utiliser leur expression, « elles n'avaient pas fait la stabilisation ». Beaucoup de médecins, peu scrupuleux, ont abondé dans leur sens pour s'exonérer de leur propre responsabilité de n'avoir pas expliqué que la stabilisation n'existe pas. En tout cas, pas sur le modèle tel qu'il est imaginé.

En réalité, ce n'est que le début de ce que j'appellerais plutôt une rééducation alimentaire. C'est là que se situe vraiment le rééquilibrage. Ce terme est désormais utilisé, de façon très hypocrite, pour désigner simplement des régimes équilibrés et modérés. C'est une fausse pudeur à l'égard du mot régime, qui s'est imposée sous l'impulsion de fausses recommandations, d'intérêts économiques, et de négation de la difficulté réelle des régimes.

La vraie stabilisation dure en réalité toute une vie. Une personne qui se met au régime, sauf lorsqu'il s'agit d'une prise de poids accidentelle, est quelqu'un qui a un déséquilibre de l'équation alimentaire : énergie consommée moins énergie dépensée. En clair, quelqu'un qui mange de façon régulière plus de calories que ce que son corps consomme en raison soit d'un grand manque d'activité, soit de volumes alimentaires trop élevés, soit d'un choix d'aliments à trop forte densité énergétique, soit d'une multiplication des prises alimentaires en dehors des repas (ou d'une combinaison de cela).

Quand une prise de poids a un caractère inopiné, suite par exemple à un traitement médicamenteux ponctuel, à un accident de vie exceptionnel ou à une séquence émotionnellement difficile, il est possible, à la fin du régime, de reprendre l'alimentation préalable à l'événement qui a provoqué la prise de poids. Le déséquilibre de l'équation n'est que momentané, on peut donc reprendre le même rythme alimentaire qu'auparavant.

Quand la volonté de perdre du poids n'est pas conforme à sa propre génétique ou à sa propre histoire pondérale, c'est tout autre chose. Cela veut dire qu'une fois le régime fini, il n'est pas possible de reprendre le modèle alimentaire précédent, celui qui, justement, conduisait à une situation de surpoids ou d'obésité. Il faut alors entreprendre une rééducation alimentaire pour modifier ses comportements de façon à ajuster l'équation entre la dépense et la consommation tout en se sentant moins dans le contrôle que pendant la phase de perte de poids. Cela signifie donc qu'on ne pourra jamais revenir à la même alimentation que celle qu'on avait avant de prendre du poids, et qu'il faudra la corriger pour conserver sa nouvelle silhouette. Mais on ne change pas des habitudes alimentaires, héritées depuis fort longtemps et que l'on a pratiqué pendant des décennies, simplement parce qu'on a suivi un régime pendant trois à six mois. Voilà pourquoi on observe de nombreuses reprises de poids. Et c'est bien compréhensible. C'est une opération contre nature puisqu'on se bat contre un poids qui était défini par notre génétique ou par des habitudes alimentaires profondément ancrées en nous.

Pour être honnête, c'est l'étape la plus difficile du « régime » parce qu'on n'a plus la dynamique et l'émulation de la perte de poids. Autant il est exaltant de perdre du poids et d'observer les chiffres sur la balance baisser en permanence, autant il est difficile de se bagarrer simplement pour maintenir son poids une fois l'objectif atteint.

C'est un travail laborieux, payant à long terme, bénéfique pour la santé mais qui impose d'être rigoureux dans les règles que l'on doit suivre. L'essentiel de l'opération consiste à essayer de trouver le niveau qui permet de manger suffisamment sans grossir et d'avoir le courage et le réflexe de reprendre immédiatement un régime dès les prémices de la prise de poids.

La technique des paliers

Pour réussir, il faut réintroduire les aliments progressivement, une fois l'objectif atteint, par paliers de 200 calories. En effet, durant la période de régime, votre corps, pour protéger sa réserve de graisse, a diminué l'activité des cellules. Comme nous l'avons vu pour le régime œufs, il est vraisemblable que, spontanément, nous perdions pendant cette période environ 15 % de notre dépense d'énergie. Il va donc falloir la restaurer en douceur, c'est la raison pour laquelle il faut y aller progressivement dans la reprise des aliments.

Il ne faut pas s'inquiéter, au début de cette rééducation, d'une reprise de poids qui est la conséquence la plupart du temps du volume d'aliments supplémentaires que nous avons consommé, associé à l'augmentation du sel qu'ils contiennent, qui va entraîner lui-même une petite rétention d'eau. Cette prise de poids de l'ordre de 1 kg qu'on observe à la fin des régimes quand on réintroduit les aliments ne correspond pas à une augmentation de la graisse. Par contre, quand elle est supérieure à 1 kg notamment lors de deux pesées successives, c'est que l'on recommence à grossir.

Voilà pourquoi il faut y aller par petites touches progressives. On augmente d'abord le dernier régime de 200 calories et on attend 15 jours pour observer s'il y a ou non reprise de poids. Si cela arrive, on refait une petite séquence de régime pour revenir au poids préalable, puis on recommence à manger avec les 200 calories de plus et on continue ainsi jusqu'à ce que le poids reste stable pendant 15 jours. Si c'est le cas, on augmente à nouveau les apports de 200 calories et on répète l'opération jusqu'à obtenir la stabilisation du poids.

Dans l'hypothèse où l'on n'arrive pas à stabiliser son poids avec les calories des aliments que l'on a consommées en plus, c'est que l'on est arrivé à son point d'équilibre. C'est le modèle alimentaire qu'il faudra alors suivre pendant très longtemps.

La méthode des repas libres

Il existe une autre méthode qui présente également les mêmes intérêts. Elle consiste à libérer une partie des repas de la semaine et à se forcer à maintenir une alimentation contrôlée sur l'autre partie. Par exemple, on peut très bien décider de suivre un régime très équilibré toute la semaine et manger à sa guise le week-end. C'est une méthode plus approximative, qui présente l'intérêt de se protéger du côté obsessionnel du contrôle alimentaire. Elle est un peu plus difficile à pratiquer pour deux raisons. La première, c'est que plus on prend l'habitude de manger sans contrainte, plus il est difficile de se contrôler le reste du temps car le plaisir de manger l'emporte souvent sur la raison. La seconde, c'est qu'il y a un manque de précision qui peut finir par semer la confusion dans les règles que l'on s'est fixées. Et le temps passant, la reprise de poids sera facile et la perte de poids difficile car on ne sera plus capable d'avoir une bonne estimation de sa prise alimentaire. Même en étant honnête, il est très difficile d'avoir une bonne estimation de ce que l'on mange. Très souvent en consultation, je reçois des gens persuadés de suivre leur régime. Lorsqu'on les interroge plus finement, on leur fait découvrir que le poids de leur ration, les assaisonnements, les petits écarts oubliés sont autant de calories cachées qu'ils ont consommées sans s'en rendre compte. Quand j'étais jeune médecin à l'hôpital, j'ai fait un test qui consistait à donner des steaks de 125 g à des étudiants pendant 10 jours, puis par la suite à leur demander de se servir seuls dans un plat où j'avais mélangé des morceaux de viande de poids différents. Assez rapidement, les steaks de 125 g ont été délaissés au profit de ceux de 150, puis de 200 g. Pourtant, chacun d'entre eux était persuadé de s'être servi la ration de départ. Leurs appétits et leurs habitudes les ont ramenés très rapidement à leur portions d'avant. Après un régime, nous avons la tentation de revenir à nos habitudes préalables.

On peut considérer que la stabilisation est réussie, non pas parce que le poids s'est stabilisé mais parce qu'on a stabilisé de nouvelles habitudes alimentaires.

La technique en elle-même est assez simple et ressemble à la réintroduction progressive des aliments par paliers de 200 calories. Il suffit par exemple, à la fin du régime, de considérer que deux repas par semaine sont libres : on peut manger comme on en a envie. On observe également l'évolution du poids pendant 15 jours et, en cas d'augmentation, on reprend le régime jusqu'à revenir au préalable avant de recommencer la même opération. Si le poids se stabilise comme précédemment, on tente d'augmenter le nombre de repas « libres » en observant le même protocole jusqu'à arriver aux chiffres définitifs. Certains, plus favorisés que d'autres, pourront manger la moitié du temps à leur guise et contrôler l'autre moitié. D'autres seront obligés de manger cinq jours par semaine une alimentation contrôlée pour pouvoir manger sans contrainte les deux autres jours.

Valider l'équilibre

La seule façon d'éviter ce contrôle alimentaire serait d'augmenter son activité physique, ce qui est une autre façon finalement de rééquilibrer l'équation entre la consommation et la dépense d'énergie. Si dépenser 200 calories par jour est relativement facile avec une marche d'une heure, atteindre les 400 calories demande un effort vraiment plus important.

En tout cas, c'est vraiment là que la pesée prend toute son importance. C'est en effet le seul moyen rigoureux d'authentifier ou non une prise de poids. D'ailleurs, vous observerez que quand on prend du poids, on a souvent moins envie de se peser par culpabilité. En s'obligeant à le faire, on se dote d'une discipline qui s'appliquera également au modèle alimentaire que l'on a choisi.

Au total, nous aurons le choix entre le plaisir de manger ou le plaisir de se faire plaisir en ayant perdu du poids. Quand le déséquilibre se fait au profit du plaisir de manger, il y aura reprise de poids. Malheureusement comme nous l'avons vu précédemment, les prises et pertes de poids à répétition, que l'on a baptisées les régimes yo-yo, finissent par abîmer le pronostic et nous font rentrer dans le cercle vicieux de la reprise de poids : culpabilité, régime, reprise de poids… et plus ça ira, plus la reprise de poids sera facile et la perte difficile.

Les équivalences

Voici deux tableaux d'équivalences à 200 calories et à 400 calories. Ils vous permettront d'augmenter de façon progressive votre régime précédent pour trouver vous-même votre point d'équilibre.

LES ÉQUIVALENCES
À 200 CALORIES

30 g de pain
ou 2 biscottes
+ 30 g de fromage

30 g de pain
+ 2 rondelles
de saucisson

30 g de pain
+ 20 g de chocolat

30 g de pain
+ 40 g de jambon

20 g d'amandes,
de pistaches ou
de cacahuètes...
+ 1 fruit

150 ml de lait
demi-écrémé
+ 2 cuillerées à café
de cacao en poudre

80 g de pain

200 g de féculents
cuits

150 g de féculents
cuits
+ 5 g de beurre

100 g de fromage
blanc à 20 %
de MG
+ 2 biscuits secs

100 g de fromage
blanc à 20 %
de MG
+ 1 fruit

1 verre
de milk-shake

1 éclair

1 croissant

1 part d'entremet
(environ 125 g)

1 glace bâtonnet
ou un cornet
avec 2 boules

LES ÉQUIVALENCES **À 400 CALORIES**

1 croque-monsieur

1 hot-dog

1 part de quiche lorraine ou de tarte aux légumes

2 bouchées au chocolat

¾ d'une tablette de chocolat de 100 g

1 paquet de cacahuètes de 75 g

1 paquet de mélange de fruits séchés de 100 g

2 crêpes au sucre ou à la confiture

1 tarte aux fruits

2 verres de champagne ou de vin (100 ml) + 4 petits fours salés ou sucrés

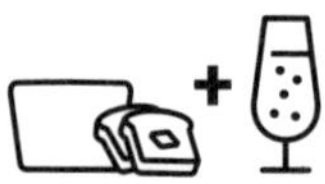

1 tranche de foie gras (50 g) avec 2 toasts + 1 coupe de champagne

1 portion d'un plat complet (cassoulet, choucroute, couscous, paella) à la place de votre ration habituelle de viande et de féculents

Exemples de repas

Les petits déjeuners

80 g de pain

15 g de beurre

150 ml de jus d'orange pressé avec la pulpe

100 g de fromage blanc à maximum 4 % de MG

200 ml de lait demi-écrémé

80 g de céréales

2 kiwis

80 g de pain

30 g de comté

2 tranches de jambon

1 orange

80 g de pain

15 g de beurre

1 œuf

3 abricots secs

200 ml de lait demi-écrémé + 1 cuillerée à soupe de cacao

5 ou 6 biscottes

15 g de beurre

½ pamplemousse

Les déjeuners ou les dîners

Tomates en vinaigrette avec 30 g de mozzarella avec 1 cuillerée à soupe d'huile

1 cuisse de poulet rôti sans la peau

Carottes poêlées au thym avec 300 g de patates douces

1 kaki

½ avocat au paprika et jus de citron

125 g de pavé de saumon en papillote à l'aneth

Fondue de poireaux safranée, 1 c. à soupe de crème à 15 %

200 g de quinoa

1 yaourt nature (maxi 55 kcal/pot)

1 compote sans sucres ajoutés

Mâche en vinaigrette avec 1 cuillerée à soupe d'huile de noix

1 toast au chèvre chaud (50 g de pain, 30 g de chèvre)

2 œufs mollets

Courgettes poêlées sans matière grasse au coulis de tomate

1 poire

Céleri-rave râpé en vinaigrette avec 1 cuillerée à soupe d'huile

150 g de riz cuit (50 g cru) + 100 g de haricots rouges au coulis de tomate et paprika

Tomates provençales

50 g de pain

2 petits-suisses à maximum 4 %, cannelle

2 clémentines

200 g de taboulé maison sans matière grasse

1 filet de cabillaud au jus de citron, curry et lait de coco

Écrasé de butternut maison, 5 g de beurre

100 g de fromage blanc nature à maximum 4 %

1 petite banane

Carottes râpées et raisins secs, persillés en vinaigrette avec 1 cuillerée à soupe d'huile d'olive

2 tranches de rosbif, moutarde

Haricots verts poêlés à l'ail

30 g de camembert

PARTIE 3

LA BOÎTE À OUTILS DE LA MÉTHODE COHEN

MES TRUCS PRATIQUES

Au cours des années, j'ai pu expérimenter un certain nombre de systèmes simples qui m'ont permis de résoudre des problèmes sans recourir à des médicaments ou à des techniques trop sophistiquées. Par moments, il faut quand même savoir faire appel à un spécialiste, psychothérapeute, psychanalyste, psychologue, comportementaliste ou parfois addictologue…

Les envies de grignoter

Le grignotage peut être défini par la consommation de petites quantités d'aliments en dehors des repas. Il arrive parfois que les repas disparaissent au profit du grignotage. La plupart du temps, les grignoteurs ne sont ni boulimiques ni anorexiques. Ils consomment des aliments qui leur font plaisir, contrairement aux boulimiques qui mangent pour se remplir. Ce grignotage peut prendre toutes les formes alimentaires possibles (barres chocolatées, biscuits, bonbons…) et survenir à tout moment de la journée. Il n'est jamais provoqué par la faim mais par la nécessité de se faire du bien. La prise d'aliments, surtout ceux que l'on aime, permet de combler une phase d'ennui, un vide affectif, d'oublier une pensée désagréable ou de calmer un stress. C'est une forme de médecine douce car manger entraîne une sécrétion d'endorphines qui va fournir une onde de plaisir et éliminer les déplaisirs.

Dans ce cas, culpabiliser est une erreur car cela va majorer le grignotage, qu'il vaut mieux apprendre à gérer. La façon la plus radicale consiste à sélectionner les aliments qui rentrent dans nos placards pour éviter les produits qui nous tentent le plus, et à les remplir avec des aliments à moins forte densité calorique. C'est un premier pas. Il reste bien sûr la problématique des autres membres de la famille, mais il faut faire un choix ou s'approprier un placard dédié. Cela ne stoppera pas le grignotage, mais le dirigera vers des aliments moins caloriques, gras et sucrés.

Pour combattre le grignotage, l'idéal est d'anticiper. On pourra, par exemple, laisser traîner sur la table de la cuisine des aliments soigneusement choisis, qui transformeront progressivement le grignotage en collation. Yaourt, fromage blanc, œuf dur, quartiers de fruits, bâtonnets de crudités…

Se préparer une infusion, une tisane ou toute autre boisson sans sucre permet à la fois d'occuper le temps, de suspendre la pulsion de grignotage et de remplir l'estomac avec une boisson qui n'apporte pas de calories.

Analyser la séquence qui précède le grignotage, la nature de l'émotion qui pousse à ressentir la nécessité de manger, permet d'adopter une stratégie face à l'émotion. La tenue d'un petit carnet à la fois alimentaire et personnel peut aider à relier le grignotage à des moments de vie, à en prendre conscience et donc à le prévenir en adoptant une conduite d'évitement chaque fois que le risque se présente. Tout peut être bon : sortir pour marcher, téléphoner à un ami, prendre un livre, pourquoi pas faire une recette de cuisine…

Il ne faut pas confondre le grignotage avec les pseudo-boulimies, qui sont des compulsions alimentaires. Le boulimique cherche absolument à se remplir, ne se soucie pas du goût des aliments, mange fréquemment en solitaire et en secret. Les compulsions alimentaires s'orientent vers des produits agréables, assez souvent sucrés, qui sont particulièrement appréciés. Elles ne reflètent pas un conflit psychique intense, et prennent souvent un aspect ritualisé ou routinier, ce qui peut les installer dans le temps même quand la cause est éliminée. Un sentiment d'anxiété, conscient ou inconscient, en est souvent à l'origine. C'est parfois le cas également des mangeurs de nuit, qui se réveillent et ne peuvent trouver le sommeil qu'après avoir absorbé leur « *shot* » de plaisir. Car il s'agit dans ce cas d'une automédication pour combattre les pensées négatives. Quand ces compulsions ne cèdent pas en utilisant les mêmes systèmes que pour le grignotage, les thérapies comportementales sont utiles. Elles commencent en général avec des consignes très simples. Avant de consulter un spécialiste vous pouvez commencer à adopter la technique suivante à chaque compulsion.

- S'obliger à s'asseoir chaque fois que l'on mange le moindre aliment. Si vous devez manger un pain au chocolat acheté dans une boulangerie à l'extérieur, il faudra vous asseoir sur un banc pour le consommer.

- Se contraindre à déguster les deux premières bouchées de chaque plat en les mâchant suffisamment et en tentant de percevoir tous les goûts.
- S'arrêter une minute au milieu de chaque prise alimentaire, quelle qu'elle soit.
- Se forcer à laisser dans son assiette (même si c'est contraire à votre éducation) une bouchée de chaque plat ou de chaque aliment.

Les envies de sucre

J'ai souvent expliqué, notamment dans les médias, que de nombreuses expériences scientifiques avaient montré que l'addiction au sucre était plus forte que celle à la cocaïne. Des rats en situation de consommer l'un ou l'autre de ces produits avaient des pulsions beaucoup plus fortes pour le sucre que pour la cocaïne.

Nous-mêmes, très jeunes, avons une attirance particulière pour les produits sucrés. Élevés au lait maternel sucré et récompensés par des friandises, nous faisons partie d'une espèce qui s'est développée à l'ère paléolithique, en apprenant que les aliments dangereux, donc les poisons, étaient moins souvent sucrés qu'amers. Curieusement, dans notre ère moderne, les choses ont changé puisque le sucre est devenu une des problématiques nutritionnelles les plus fortes.

La gourmandise sucrée n'est jamais un problème si elle est modérée. C'est quand le désir de sucre devient obsessionnel qu'il indique alors remplir une fonction thérapeutique. Il y a perte de contrôle et donc addiction. Pour en guérir, il existe deux méthodes.

La première fonctionne comme un traitement pour addiction : elle consiste à se violenter pour éliminer chaque microgramme de sucre et à laisser passer suffisamment de temps pour se désaccoutumer. Outre le fait que cette méthode suppose une force de caractère impressionnante, il manque le côté réconfortant du sucre, qui aidait jusque-là à gérer les émotions négatives.

La seconde méthode, un peu sur le modèle précédent, consiste à sélectionner des aliments qui ont un goût sucré, mais toujours avec une densité calorique faible. Grâce à la communauté Savoir Maigrir, nous en avons sélectionné quelques-uns :

- Par exemple, on peut préparer des frites ou des quartiers de patate douce, que l'on cuit au four sans matière grasse, puis qu'on laisse refroidir et qu'on utilise ensuite en guise de grignotage sucré.
- On découpe des quartiers de fruits, qu'on laissera à disposition dans un saladier pour s'en servir à volonté.
- Nous avons trouvé en supermarché des tisanes goût chocolat qui ont pu avantageusement remplacer les

petits morceaux de chocolat que l'on croque à la sauvette.

- Des bâtonnets de réglisse en branche que l'on peut mâcher sont parfaits pour tromper l'envie.
- On peut également, à la manière d'un enfant, utiliser des sucettes qui ont le pouvoir de délivrer le sucre de façon plus lente que d'autres aliments puisqu'on les garde longtemps en bouche.

Les compléments alimentaires, notamment les granions de chrome, peuvent fonctionner chez certaines personnes, même si on ignore s'il s'agit d'un effet placebo ou thérapeutique. Les autres produits ne servent vraiment pas à grand-chose, sauf quand ils agissent par effet placebo.

Quand la pulsion de sucre devient trop forte, l'idéal serait de pouvoir la différer dans le temps, sans l'interdire. Par exemple, si on a très envie d'une pâtisserie, on peut décider de se l'offrir 24 heures plus tard. On combat ainsi la frustration et on apprend à gérer le désir de sucre.

Rembourser un écart

Quel que soit le régime que l'on suit, on se retrouve forcément, à un moment ou à un autre, en situation de faire des écarts. Dans ce cas, on peut utiliser des formules de « rattrapage des écarts », et se faire plaisir de temps en temps.

Le principe est simple, il suffit de « rembourser » l'écart, petit ou grand, par un ou plusieurs repas pauvres en calories et riches en protéines dès le repas suivant l'écart. Surtout n'attendez pas.

Si le repas de compensation doit être pauvre en calories, il faut aussi qu'il soit suffisamment rassasiant pour éviter les fringales en attendant le repas suivant. Le blanc d'œuf est idéal pour cela car il coupera votre appétit grâce à sa richesse en protéines pures. Les légumes, crudités et fibres que vous lui associerez vous rassasieront. Enfin, un laitage augmentera la teneur en protéines de ce mini-repas, en plus de fournir un apport calcique.

Attention, les personnes diabétiques, en particulier insulino-dépendantes, ne peuvent pas utiliser ce type de formule et doivent se contenter d'augmenter leur activité physique pour rembourser l'excès de calories consommées.

Les rattrapages

Pour un « petit » écart, comme par exemple une pâtisserie, un sachet de bonbons, une viennoiserie, une poignée de chips ou de biscuits apéritifs, optez pour un repas de rattrapage avec :

- 1 « galette de rattrapage » avec 3 blancs d'œufs (voir recette page 194)
- Légumes au choix assaisonnés d'épices, d'herbes ou d'aromates mais sans ajout de matière grasse, à volonté
- Un dessert au choix :
  - 1 laitage nature à 0 %
  - 1 « mousse protéinée » à base de blanc d'œuf (voir recette page 193) édulcorée et parfumée avec des arômes et épices de votre choix

Pour compenser un repas copieux au restaurant, en famille ou chez des amis, consommez le lendemain de l'écart le repas de rattrapage ci-dessus à l'un des deux repas principaux de la journée, tout en conservant votre petit déjeuner habituel. Au besoin, renouvelez le repas de rattrapage une autre fois le surlendemain. Si vous n'aimez pas les œufs, vous pouvez suivre ce menu :

- 100 g de poisson maigre ou de blanc de poulet ou de dinde cuit sans matière grasse
- Légumes au choix sans matière grasse, à volonté
- Tisane au choix sans sucre

Ne rajoutez, bien entendu, ni matière grasse, ni féculents, ni fruits !

Les repas au restaurant

Au cours de votre régime, vous allez forcément vous retrouver confronté à des repas à l'extérieur. Voici quelques suggestions de choix pour conserver des apports caloriques raisonnables.

À la crêperie

1 galette de blé noir au choix :

- Jambon-fromage
- Jambon-œuf
- Bacon-fromage
- Bacon-œuf
- Bœuf-fromage
- Bœuf-œuf

On peut prendre :

- De la sauce tomate à volonté
- De la salade verte si possible
- 1 crêpe avec des morceaux de fruits, de la compote, du sucre ou de la confiture
- 1 petit bol de cidre brut

On évite absolument :

- Les galettes aux trois fromages
- Les galettes à la charcuterie type andouille
- Les galettes contenant des produits identifiés comme gras

- Les crêpes desserts composées qui peuvent être des bombes caloriques
- Les préparations flambées à l'alcool

Au restaurant asiatique

En entrée, au choix :

- 4 raviolis de crevettes ou de bœuf
- 1 potage + 3 ou 4 raviolis
- 1 rouleau de printemps
- 1 salade au crabe ou aux crevettes

En plat, 125 g de viande ou équivalent + 2 cuillerées à soupe de sauce

En accompagnement au choix :

- Légumes sautés
- Et/ou un petit bol de riz nature ou cantonais
- 6 raviolis

En dessert, au choix :

- 2 boules de sorbet
- Une dizaine de litchis frais
- La moitié d'une mangue ou d'un ananas frais

On évite :

- Les chips de crevettes servies en apéritif
- Les nems

- Les beignets et autres fritures
- Les viandes grasses

Au restaurant italien

En entrée, au choix :

- 1 salade verte
- 1 salade de tomates au basilic et au vinaigre balsamique
- 1 carpaccio au vinaigre ou au jus de citron

En plat, au choix :

- 1 part de pizza reine, quatre saisons ou napolitaine
- 1 assiette de pâtes napolitaines ou bolognaises

En dessert, au choix :

- 1 salade de fruits
- 2 boules de sorbet

On évite :

- Les pizzas à pâte épaisse avec beaucoup d'ingrédients, et les pizzas trois ou quatre fromages
- Les préparations marinées dans l'huile
- Les pâtes en sauce à base de crème, gratinées ou au beurre
- La bouteille d'huile pimentée (un apport en lipides supplémentaire sur les pizzas)

- Le mascarpone, bombe calorique, et les préparations qui en contiennent (comme le tiramisu)

Au restaurant « français »

En entrée, au choix :

- 1 tranche de saumon + 1 toast
- Des crustacés à volonté (mais seulement 6 huîtres)
- 1 salade composée (par exemple tomate-mozzarella, roquette-parmesan, salade au crabe ou aux crevettes…)
- 1 carpaccio

En plat, 125 g de viande maigre ou de poisson ou équivalence, de préférence grillé ou vapeur, ou en laissant la sauce dans l'assiette + légumes

Et aussi, au choix :

- 2 verres de vin
- 1 apéritif + 1 verre de vin
- 1 petit pain (ou 60 g de pain ou 2 tranches)
- Un dessert :

2 boules de sorbet	1 salade de fruits
1 coupelle de fromage blanc	1 île flottante + 2 cuillerées à café de sauce

- 2 verres de vin + un dessert, si l'on ne prend pas d'entrée

Au restaurant japonais

En entrée, 1 soupe miso et/ou 1 salade de chou

En plat, au choix :

- 10 sashimis
- 4 brochettes + 1 bol de riz
- 10 sushis
- 10 makis

En dessert, au choix :

- 1 brochette de fruits
- 2 boules de sorbet au thé vert matcha

On évite :

- Les fritures
- Les brochettes au fromage
- Les makis garnis de mayonnaise ou de fromage

Les repas rapides

On peut remplacer les repas du midi ou du soir par une formule rapide.

- 1 sandwich + 1 fruit

Le sandwich est fait avec un quart ou un tiers de baguette, selon l'appétit, et garni avec, au choix :

- · 2 tranches de jambon de volaille ou de porc s'il est dégraissé et découenné
- · 75 g de fromage à moins de 50 % de MG (environ les ⅖ de camembert)
- · 1 tranche de saumon fumé (environ 100 g)
- · 90 g de thon au naturel
- · 1 blanc de poulet en tranches
- · 2 œufs durs

On peut dans tous les cas ajouter, selon la nature du sandwich, de la moutarde, du ketchup, un filet de citron, des rondelles de tomate, des feuilles de laitue ou des cornichons.

- 8 à 10 sushis ou 16 makis + 1 fruit

On évite évidemment les sushis qui n'en sont pas, c'est-à-dire qui contiennent du foie gras, de la crème, du fromage, des poissons panés ou des crustacés panés

- 1 part de pizza + 1 fruit

⅓ d'une pizza ou 1 petite pizza individuelle, ou 1 part de pizza d'environ 250 à 300 g maximum (pour une valeur calorique maximale de 450 calories maximum à vérifier sur l'étiquette)

- 1 burger ou cheese-burger + 1 fruit

- 9 nuggets + 1 salade au poulet sans croûtons avec 1 à 2 cuillerées à soupe de sauce + 1 fruit

- 1 salade composée + 1 fruit

Pas plus d'une cuillerée à soupe d'huile. Complétez avec un morceau de pain s'il n'y a pas de féculents ou si la salade est trop petite.

- 1 plat préparé autour de 400 à 500 kcal + 1 fruit

- 1 plat de pâtes + 1 fruit

Au maximum 400 g en poids cuit (10 à 12 cuillerées à soupe) à condition d'assaisonner avec de la sauce tomate, sans aucune matière grasse (ni ajout de fromage).

TOUT SAVOIR SUR LA CUISINE DE RÉGIME

Les modes de cuisson légers et qui donnent du goût

Pour toutes les recettes, il est bien sûr encore plus intéressant de jongler avec les herbes et les épices pour apporter de la saveur et de l'originalité.

Pour les viandes et poissons

- **Au court-bouillon :** dans une grande quantité de court-bouillon (eau bouillante salée + bouquet garni). Ce mode de cuisson bouillie est intéressant si on utilise des aromates ou en ajoutant des cubes de bouillon (de volaille, viande ou légumes) dans l'eau. En effet, au cours de la cuisson, un échange va se produire entre les arômes du bouillon et la viande ou le poisson. La cuisson au court-bouillon est idéale pour préparer des plats comme le pot-au-feu, le bœuf bourguignon… On peut éventuellement finir la sauce en rajoutant 1 verre de vin et 2 cuillerées à soupe de crème allégée pour trois ou quatre personnes.
- **En papillote :** au four dans du papier sulfurisé ou une feuille d'aluminium ou au four à micro-ondes dans du papier sulfurisé. En réalité, cela revient à une cuisson vapeur car l'aliment cuit avec la vapeur produite par l'eau

qu'il contient. La cuisson en papillote a l'avantage de conserver vraiment le goût de l'aliment. On peut ajouter à volonté des herbes, des épices et, bien sûr, du sel et du poivre. Ce mode de cuisson convient particulièrement aux volailles et aux viandes blanches.

- **Grillés :** sous le gril du four ou au barbecue. Dans ce cas, il ne faut pas faire mariner la viande ou le poisson dans des matières grasses au préalable, mais plutôt la recouvrir de moutarde, ou utiliser du jus de citron ou du fromage blanc à 0 % assaisonné avec des épices ou des herbes.
- **Sautés :** dans une poêle à revêtement antiadhésif bien chaude ou au wok. On peut éventuellement graisser légèrement la poêle avec un coton, faire revenir des légumes et même les flamber avec un peu d'alcool, ce qui ne nuira pas au régime. Si on ne peut vraiment pas se passer de viande panée, il suffira de la passer au four au lieu de poêler avec des matières grasses.
- **Vapeur :** au cuiseur vapeur. Ce mode de cuisson est idéal pour les poissons. Si vous n'avez pas de cuiseur vapeur, après avoir parsemé le poisson d'herbes et d'aromates, placez-le entre deux assiettes au-dessus d'une casserole remplie d'eau bouillante.

Pour les légumes

- **Vapeur :** au cuiseur vapeur ou en cocotte à cuisson sous pression.
- **À l'eau :** dans une grande quantité d'eau bouillante salée.

- **À l'étuvée :** dans une casserole couverte.
- **Grillés :** sous le gril du four ou au barbecue.
- **Sautés :** dans une poêle à revêtement antiadhésif bien chaude ou au wok.
- **Au four à micro-ondes :** dans un plat adapté couvert (en ajoutant un fond d'eau).
- **En papillote :** au four dans du papier sulfurisé ou une feuille d'aluminium ou au four à micro-ondes dans du papier sulfurisé.

Pour les œufs

- **À l'eau avec la coquille :** à la coque (3 min), mollets (5 min), durs (10 à 12 min).
- **À l'eau sans coquille :** pochés dans de l'eau légèrement salée et vinaigrée.
- **Dans une poêle (à revêtement antiadhésif) bien chaude :** au plat ou en omelette.
- **Au bain-marie (dans un saladier posé sur une casserole d'eau bouillante) :** brouillés avec du lait écrémé.
- **Au four :** cocotte dans un ramequin allant au four.
- **Au four à micro-ondes :** dans un ramequin adapté, façon œuf cocotte, environ 1 min à puissance moyenne, ou brouillés avec du lait écrémé (environ 1 min 30 en remuant en cours de cuisson).

Pour les féculents

- **À la créole :** dans une grande quantité d'eau bouillante salée.
- **Pilaf sans matière grasse :** faites revenir le féculent dans une poêle ou une casserole (à revêtement antiadhésif) bien chaude ou au wok. Ajoutez 3 fois son volume en eau froide et laissez cuire jusqu'à absorption totale.
- **Cas particulier, la semoule de couscous :** versez la semoule dans un saladier, ajoutez 1,5 fois son volume en eau bouillante salée. Laissez reposer à couvert jusqu'à l'absorption totale de l'eau.
- **Cas particulier, les pommes de terre :** tous les moyens de cuisson des légumes peuvent être utilisés pour la pomme de terre.

Les ingrédients de base

Vous trouverez ci-dessous un ensemble de produits permettant de transformer un repas régime en moment plaisir et qu'il est utile de toujours avoir dans ses placards. Il n'est pas question de tout acheter mais de faire la meilleure des sélections en fonction de ses goûts pour s'assurer de pouvoir manger diététique tout en se régalant.

Les herbes et les épices

Jouez avec les herbes et les épices selon vos envies pour donner de nouvelles saveurs à vos préparations, sans alourdir le bilan calorique :

- **Sel fin, fleur de sel, gros sel,** au choix selon vos envies et la recette. Pour éviter de saler excessivement, assaisonnez correctement votre plat en tenant compte des ingrédients utilisés (on sale moins un plat contenant du jambon, du thon en boîte, du poisson fumé…), puis laissez la salière au placard.
- **Poivre noir, mélange de poivres et de baies, moulus ou en moulin :** relève les préparations en leur apportant du caractère.
- **Cannelle :** volailles, poissons, riz, marinades… Mais aussi pour aromatiser vos desserts et vos boissons chaudes.
- **Clous de girofle :** rôtis, court-bouillon, légumes… Piqués dans votre rôti, ils parfumeront délicieusement sa chair. Leur arôme est puissant, n'oubliez pas de les retirer avant le service.
- **Coriandre :** viande de porc, pâtes, bouillons… Une note asiatique dans vos recettes !
- **Cumin :** haricots, lentilles, pommes de terre, poissons grillés… En grain avec le fromage ou en poudre avec vos plats, un incontournable.

- **Curry, curcuma :** viandes blanches, poissons, omelettes, riz, pâtes… Si vous trouvez les préparations fades, ces épices relèveront toutes les préparations, leur donneront de la couleur et vous feront voyager.
- **Fenouil :** poissons, volailles, salades… Une petite note anisée pour des papillotes originales.
- **Gingembre :** entrée, plat, dessert… Un incontournable de la cuisine asiatique et créole.
- **Gousses de vanille :** marinades pour poissons ou volailles, desserts… Aromatisez vous-même vos laitages nature et réalisez de délicieux desserts maison légers et riches en arômes.
- **Mélange quatre-épices :** 4 en 1… Un mélange d'épices savamment dosées… savoureux et ultra-pratique.
- **Noix de muscade :** purées, gratins, béchamel diététique, volailles… Vous retrouverez les délicieux parfums de votre enfance.
- **Paprika :** pommes de terre, riz, goulasch, fromage blanc… Un parfum subtil et une coloration agréable à l'œil.
- **Piment :** riz, légumes, marinades de viandes et de poissons… Attention si vous êtes sensible, préférez du piment doux ou ayez la main légère !
- **Ras el-hanout :** l'indispensable du couscous apportera une note orientale dans tous vos plats.
- **Basilic :** tomates, courgettes, pâtes, potages, salades… L'incontournable note de soleil dans votre assiette !

- **Ciboulette, cive :** fromages blancs, omelettes, vinaigrettes, salades… Finement ciselée, elle est idéale pour préparer une sauce à base de fromage blanc maigre, légère et délicieuse.
- **Estragon :** salades, viandes blanches, gigots, poissons grillés, sauces… Le goût de l'estragon est très prononcé, utilisez-le avec parcimonie. Il trouve volontiers sa place dans le bouquet garni car son parfum résiste à la cuisson.
- **Herbes de Provence :** pour toutes vos viandes et poissons grillés, ainsi que pour une véritable sauce tomate provençale.
- **Origan :** pour les viandes grillées, sauce tomate, pizza… Utilisez à la maison l'herbe aromatique préférée des pizzaïolos !
- **Romarin :** viandes blanches, lapin, viandes grillées, pâtes, tomates… Toutes les saveurs du Sud s'invitent à votre table !
- **Thym :** pour des bouillons aromatiques, potages, poissons, volailles… Mais également pour de délicieuses infusions maison.
- **Ail, oignons, échalotes :** à inclure dans vos recettes à volonté… Déshydratés, surgelés ou frais, il existe une grande variété de présentations très pratiques si vous manquez de temps.

Et encore plein d'autres herbes et épices… À vous de jouer !

Les assaisonnements et condiments

- **Huile d'olive :** pour la cuisson ou l'assaisonnement, si son goût caractéristique de la cuisine méditerranéenne séduit votre palais !
- **Huile de colza :** pour l'assaisonnement. Un goût passe-partout pour une huile particulièrement riche en oméga 3.
- **Huile de noix :** très riche en acides gras polyinsaturés oméga 3 et 6, son goût très prononcé apporte une saveur toute particulière à vos salades.
- **Vinaigre de vin, cidre, noix, balsamique, blanc, xérès, framboise :** à varier selon vos goûts et vos préparations.
- **Jus de citron sans sucres ajoutés :** l'alternative idéale à la traditionnelle vinaigrette au vinaigre, sur un poisson ou encore pour aromatiser l'eau… Ce produit est un véritable allié et présente en plus l'avantage d'apporter de la vitamine C.
- **Sauce soja ou Arome de Maggi® :** pour parfumer vos viandes, légumes, féculents ou eau de cuisson, sans resaler par la suite.
- **Tabasco® :** pour une touche pimentée dans vos sauces et accompagnements.
- **Les aides culinaires** (fond de volaille, fond de veau, cubes de bouillon de bœuf, volaille ou légumes, dégraissés) : en cube, en poudre… Ils permettent de réaliser des sauces délicieuses et diététiques sans

répercussion sur les calories vu les faibles quantités employées.

- **Pulpe de tomate, coulis de tomate et concentré de tomate :** sans ajout de sucre ou de matière grasse, ce sont des bases idéales pour réaliser de délicieuses sauces rapides et peu caloriques.
- **Ketchup :** on tord le cou à une idée reçue, bien que légèrement sucré, le ketchup est maigre et contient du lycopène actif (antioxydant). Il peut être consommé dans le cadre du régime à condition de se limiter à 1 cuillerée à soupe.
- **Moutarde :** idéale pour apporter un goût prononcé à vos sauces vinaigrettes ou à vos viandes en vous limitant à 1 cuillerée à café.
- **Cornichons, câpres, pickles :** gorgés d'eau, ces produits sont très peu caloriques. Parfaits pour calmer la faim ou relever salades, sauces…
- **Édulcorant en poudre, en pastilles ou liquide :** une aide pour celles et ceux qui ne peuvent pas se passer du goût sucré, l'aspartame étant 100 fois plus sucrant que le sucre. Privilégiez l'édulcorant liquide pour les cuissons, les pastilles pour les boissons chaudes et la poudre pour les desserts et les produits laitiers.
- **Gélatine, agar-agar :** indispensables pour des recettes minceur comme l'aspic, les mousses, les terrines… Ils permettent de lier les préparations et d'apporter du volume sans les calories.

Les féculents

- **Farine :** si vous avez envie de varier vos repas, remplacez une portion de 100 g de féculents par 30 g de farine et réalisez sauces, entremets…
- **Fécule de maïs (Maïzena®) :** remplacez dans vos recettes la farine par la fécule, elle permet d'obtenir une préparation onctueuse pour une moindre quantité et donc moins de calories.
- **Pâtes de toutes formes, classiques ou au blé complet pour plus de fibres :** privilégiez celles qui demandent le plus de mastication (grosses pâtes) pour augmenter le pouvoir rassasiant.
- **Nouilles chinoises, vermicelles de riz :** pour changer des traditionnelles pâtes et pour réaliser des plats asiatiques.
- **Riz rond et riz parfumé :** basmati, thaï, sauvage, complet… Ils sont particulièrement digestes. Si vous manquez de fibres, choisissez la version complète et découvrez le riz sauvage très parfumé, ses grains colorés égayeront votre assiette !
- **Semoule de couscous :** pour changer des pâtes et pour réaliser des taboulés… Très pratique, elle cuit rapidement.
- **Boulgour, pilpil :** ces grains de blé concassés contiennent une quantité intéressante de protéines végétales et de fibres.

- **Blé :** ces grains fermes nécessitent une mastication importante et s'avèrent donc particulièrement rassasiants.
- **Polenta :** pour sa rapidité de préparation et son côté sans gluten. Cette jolie semoule de maïs aux couleurs du soleil est trop méconnue.
- **Quinoa :** pour son petit goût de noisette et sa richesse en protéines végétales. Il est également idéal dans les farces.
- **Les légumineuses :** lentilles vertes, grises, ou corail, pois cassés, haricots secs, pois chiches, flageolets ; secs ou en conserve pour une plus grande rapidité de préparation. Elles sont l'alternative végétarienne et économique à la viande pour leur richesse en protéines végétales et sont intéressantes pour leur apport en fibres et en fer.
- **Marrons :** pourquoi limiter leur consommation à l'accompagnement de la dinde de Noël ? Profitez-en toute l'année grâce aux conditionnements sous vide, en conserve et surgelé.
- **Pomme de terre :** ce tubercule peu calorique (80 kcal pour 100 g) se prête à de multiples préparations ! Chair ferme ou farineuse, il existe de nombreuses variétés adaptées à chaque préparation… Reportez-vous bien à l'étiquetage sur lequel cette information figure très souvent. Évitez toutes les préparations préfrites.
- **Pain complet, de campagne, de céréales, bis ou baguette… :** faites toujours davantage confiance aux

artisans boulangers plutôt qu'aux produits industriels qui comportent souvent un ajout de graisses et/ou de sucres.

- **Biscottes au blé complet ou pains suédois complets :** très pratiques pour changer du pain et si vous n'avez pas eu le temps de passer à la boulangerie.
- **Céréales de blé complet ou de maïs nature et non sucrés, muesli floconneux nature sans fruits, flocons d'avoine :** pour varier les petits déjeuners. La gamme étant très étendue, reportez-vous à l'étiquetage et choisissez-les inférieurs à 400 kcal pour 100 g, avec un taux de lipides modéré (moins de 6 g) et une quantité de sucres simples inférieure à 20 % des glucides totaux.

Les fruits et les légumes (en conserves, bocaux et briques)

Leur conservation de longue durée vous permet de pallier l'imprévu et de toujours avoir à disposition une portion de légumes et de fruits pour vos repas.

- **Asperges blanches ou vertes, cœurs de palmier, épis de maïs :** tous délicieux en salade et parfaits pour éviter les biscuits secs hypercaloriques en apéritif !
- **Champignons :** émincés ou entiers, ils s'invitent à l'apéritif, dans une sauce, une salade ou encore une poêlée.

- **Fonds d'artichaut :** si la consommation d'un artichaut frais vous effraye, n'hésitez pas à découvrir les cœurs et fonds d'artichaut en conserve ou surgelés !
- **Maïs doux :** idéal pour une note colorée dans vos salades comme dans vos préparations chaudes.
- **Petits pois, carottes :** ce grand classique séduit toujours les enfants et les parents. Les petits conditionnements sont parfaits pour doser votre consommation.
- **Mouliné de légumes variés ou de légumes verts :** pour un potage toujours prêt à tout moment de la journée en cas de petite faim.
- Et, bien sûr, tous les **autres légumes non cuisinés,** sans matière grasse, que vous pouvez trouver au rayon épicerie.
- **Fruits au sirop :** ananas, pêches, litchis… Contrairement à une idée reçue, ils sont à peine plus énergétiques que certains fruits frais. Vous pouvez remplacer un fruit frais par 100 g de fruits au sirop égouttés. Économiques, ils permettent d'avoir des fruits à disposition et sans suivre les saisons.
- **Compotes de fruits sans sucres ajoutés :** variez votre consommation de fruits en remplaçant 1 fruit par 100 g de compote. Vérifiez bien que la mention « sans sucres ajoutés » figure sur l'emballage. Les compotes sont d'autant plus intéressantes si vous avez les intestins fragiles car les fibres cuites et mixées sont moins irritantes.

Mais aussi :

- **Conserves de poisson au naturel, sans huile (sardine, maquereau, thon, saumon, crabe, moule...) :** une source de protéines économique et pratique. Mention spéciale pour le thon qui apporte une bonne quantité d'acides gras oméga 3 pour une teneur en lipides limitée.
- **Tofu :** indispensable pour le programme végétarien ou si vous souhaitez varier votre alimentation. Cette pâte de soja est une source intéressante de protéines d'excellente qualité tout en étant dépourvue de cholestérol et idéalement composée en acides gras.

Ils sont tous des alternatives pratiques pour remplacer une viande/poisson frais et de plus économiques sans pour autant perdre en qualités nutritionnelles.

Les autres ingrédients utiles

Dans votre placard

- **Lait de coco :** pour adoucir le piquant de certaines épices. Son apport calorique n'est toutefois pas négligeable avec 210 kcal pour 100 g et 20 % de lipides.
- **Olives vertes ou noires, nature :** les olives vertes sont moins caloriques que les noires. Vous pouvez remplacer 5 olives vertes par 4 olives noires.

- **Cacao en poudre non sucré dégraissé :** si vous ne résistez pas au chocolat chaud, vous pouvez consommer 1 bol de lait écrémé et 2 cuillerées à soupe de cacao édulcoré selon votre goût à la place du laitage et du fruit du matin.
- **Chocolat noir en portion individuelle :** avec 542 kcal en moyenne pour 100 g, autant dire qu'il faut en contrôler les apports. Préférez les produits les moins compliqués et de bonne qualité puisqu'ils ont plus de chance de contenir du beurre de cacao plutôt que des matières grasses hydrogénées très mauvaises pour le système cardiovasculaire. Avec du chocolat en portion, c'est plus facile de doser votre consommation et de vous limiter de temps en temps à 15 g de chocolat à la place d'un fruit.
- **Confiture :** pour profiter d'un petit déjeuner plaisir de temps en temps, remplacez le fruit par 2 cuillerées à café de confiture.
- **Miel :** plus le miel est liquide, plus son pouvoir sucrant est important pour un même volume.
- **Fruits secs :** abricots, pruneaux, figues, dattes, raisins… Ils sont riches en vitamines et minéraux, mais également bien plus caloriques que les fruits frais car ils contiennent moins d'eau et donc plus de calories pour une quantité comparable. En remplacement d'un fruit, consommez 15 g de fruits secs (2 figues ou 3 abricots secs ou 3 pruneaux ou 3 dattes ou une dizaine de raisins secs…).

- **Fruits oléagineux et graines :** sésame, pavot, amandes, noisettes, noix… Ces graines délicieusement parfumées sont riches en lipides. Remplacez 10 g de matières grasses par 15 g de graines pour agrémenter vos salades. N'hésitez pas à les faire griller à sec dans une poêle ou sous le gril du four (en surveillant de très près), vous décuplerez leurs arômes et il sera alors plus aisé de contrôler la quantité consommée.

Dans votre réfrigérateur

Les produits laitiers

- **Yaourts nature à 0 % ou aux fruits à 0 % ou aromatisés à 0 % :** vous pouvez ainsi varier les plaisirs à condition de les choisir à 0 % de matière grasse et sans sucres ajoutés.
- **Yaourt au soja nature enrichi en calcium :** si vous n'aimez pas les laitages au lait de vache, pensez aux laitages au soja à condition de choisir la version enrichie en calcium.
- **Fromage blanc nature à 0 % :** idéal pour combler une petite faim du fait de sa plus forte densité que le yaourt ou pour réaliser des sauces légères.
- **Faisselle nature à 0 % :** variez votre consommation et succombez à la saveur toute particulière de la faisselle avec 0 % de matière grasse.

- **Petits-suisses nature à 0 % :** plus besoin de se priver de cet incontournable de l'enfance avec maintenant une version à 0 %.
- **Lait écrémé/boisson au soja enrichie en calcium.**
- **Crème fraîche liquide à 3 ou 15 % de matière grasse** selon les menus : pour réaliser de petites sauces d'accompagnement légères.
- **Beurre ou margarine :** en portions individuelles, il est plus aisé de contrôler la quantité consommée.

Les boissons

- **Eau plate ou gazeuse :** le corps humain est majoritairement constitué d'eau, il est essentiel de consommer environ 1,5 à 2 l d'eau par jour.
- **Eau plate ou gazeuse aromatisée sans sucres :** pour un goût sucré sans apport de calories mais qui ne doit pas se substituer totalement à l'eau.
- **Sodas light :** l'alternative idéale à l'alcool lors des apéritifs, les boissons light étant dépourvues de calories du fait du remplacement des sucres par des édulcorants. Les sodas même light sont des boissons plaisir, limitez-vous à une canette par jour maximum.

Les fruits et légumes

- **Toujours quelques fruits frais au choix :** pour remédier aux fringales. N'oubliez pas que la pomme est le fruit coupe-faim par excellence grâce à sa richesse en pectine.

- **Toujours quelques légumes :** pour des bâtonnets de crudités en cas de fringale ou pour un apéritif diététique imprévu.

Le jambon et les œufs

- **Quelques tranches de jambon blanc ou de jambon sec ou même de dinde/poulet** pour un repas rapide sans cuisine.
- **Œufs de poule :** éléments essentiels de notre alimentation, ce sont des protéines d'excellente qualité. Limitez-vous à 3 jaunes d'œufs par semaine si vous surveillez le cholestérol et préférez, dans tous les cas, un mode de cuisson sans matière grasse (coque, pochés, mollets…). Ils sont également l'élément indispensable pour la galette de rattrapage (voir recette page 194).

Dans votre congélateur

- Optez pour des **herbes et épices hachées**, prêtes à l'emploi, que vous pouvez rajouter rapidement dans vos préparations

Aneth	Basilic	Ciboulette
Coriandre	Estragon	Menthe
Persil	Sauge	

- **Divers légumes sans féculents ni matière grasse**

Pour leur facilité de stockage, de conservation, le gain de temps dans l'épluchage et la découpe. Utile pour toutes vos préparations culinaires, même vos soupes.

Aubergine	Blancs de poireaux nature
Brocoli	Champignons
Courgette	Courgette
Épinards non assaisonnés	Haricots verts
Pois gourmands	Poivrons grillés
Julienne de légumes	Mélanges de légumes nature

- **Divers fruits non sucrés :** brisures ou framboises entières, myrtilles, mélange de fruits rouges… Ils sont très pratiques pour varier les menus car également disponibles hors saison.
- **Divers filets de poisson, non cuisinés :** cabillaud, colin, lieu noir, saumon… ou mélanges de fruits de mer.
- **Diverses viandes, non cuisinées :** viande hachée à 5 % de matière grasse, rumsteck, escalope de poulet ou de dinde…

En ayant toujours sous la main quelques-uns de ces aliments, vous pourrez modifier votre plan alimentaire et parer à l'imprévu sans difficulté en conservant un équilibre alimentaire.

MANIER LES SAUCES

Les sauces constituent souvent la « touche finale » qui permet de personnaliser un plat, de varier les saveurs, et, pourquoi pas, d'agrémenter les restes de la veille. Contrairement à une idée bien ancrée, les sauces ne sont pas antinomiques avec un équilibre alimentaire bien pensé. C'est du moins ce que vous allez pouvoir tester avec les quelques recettes qui suivent : on peut manger des salades bien assaisonnées et des plats en sauce tout en conservant la ligne et la forme.

Les sauces allégées

Pour alléger les sauces destinées à la salade ou aux crudités, plusieurs solutions s'offrent à vous :

- Diluer la sauce vinaigrette classique en mettant moins d'huile et en ajoutant de l'eau et du bouillon de légumes, voire en mettant plus de jus de citron ou de vinaigre (voir la recette de la vinaigrette avec moins d'huile p. 298)
- Remplacer l'huile (ou une partie de l'huile) d'une vinaigrette classique par un laitage :
  - Du fromage blanc battu à 10 ou 20 %
  - Un petit-suisse à 20 %
  - Moitié lait, moitié crème fraîche épaisse allégée

- Remplacer l'huile par un mélange onctueux mais non gras (voir la recette de la vinaigrette sans huile p. 299)
- Vous pouvez également ajouter d'autres ingrédients à vos sauces :

Sauce soja	Fines herbes (cerfeuil, persil, ciboulette, menthe, aneth)
Oignons, échalotes, ail	Concentré de tomate ou un peu de ketchup
Épices (paprika, curry, poivre de Cayenne)	Tabasco®
Worcestershire sauce	

- Pour obtenir une sauce plus onctueuse, on peut ajouter un jaune d'œuf battu. Dans ce cas, ne conservez pas la sauce plus de vingt-quatre heures.
- Pour la moutarde, le vinaigre (possibilité d'utiliser des vinaigres parfumés : framboise, cidre, Xérès) et du jus de citron, dosez-les à votre goût et selon vos habitudes.

Vinaigrette avec moins d'huile

Pour 4 personnes

› *1 c. à café de moutarde*
› *1 c. à soupe d'huile*
› *1 c. à soupe de vinaigre*
› *1 c. à café rase de fécule de maïs*
› *6 à 8 c. à soupe de bouillon de légumes ou d'eau*
› *Sel, poivre*

Dans un saladier, mélanger la moutarde, l'huile et le vinaigre, du sel et du poivre. Dans un bol, mélanger la fécule avec le bouillon de légumes froid (ou l'eau froide). Mettre ce mélange dans une casserole et faire chauffer 2 à 3 minutes pour faire épaissir. Laisser refroidir le bouillon épaissi puis le verser avec les autres ingrédients dans le saladier. Rajouter éventuellement plus de bouillon ou d'eau si l'on trouve la sauce trop épaisse.

Ce type de sauce peut se conserver une semaine au réfrigérateur.

Vinaigrette sans huile, sans matière grasse

Pour 4 personnes

› *50 cl de bouillon de légumes*

› *1 c. à café de gomme de guar*

› *4 c. à café de moutarde à l'ancienne*

› *8 c. à soupe de vinaigre*

› *Sel, poivre*

Faire chauffer le bouillon de légumes dans une casserole. Ajouter la gomme de guar. Laisser cuire quelques minutes jusqu'à ce que le mélange épaississe. Dans un saladier, mettre la moutarde, le vinaigre, le sel, le poivre puis verser dessus le bouillon épaissi. Laisser refroidir.

Les autres sauces froides

Mayonnaise allégée

› *3 jaunes d'œufs*
› *100 ml d'huile*
› *100 g de moutarde*
› *600 g de fromage blanc à 0 %*
› *50 ml de vinaigre rouge (soit 5 c. à soupe)*
› *Sel, poivre*

Dans un saladier, fouetter les jaunes d'œufs avec la moutarde, du sel et du poivre. Incorporer l'huile en la versant doucement. Ajouter le fromage blanc puis le vinaigre. Rectifier l'assaisonnement.

La mayonnaise peut être utilisée nature ou bien aromatisée :

- façon tartare, en ajoutant cornichons, câpres et persil hachés
- façon cocktail, en ajoutant du ketchup, de la sauce Worcestershire et un peu de cognac
- sauce verte : en ajoutant des fines herbes hachées (persil, cerfeuil, ciboulette…)
- sauce citron : en remplaçant le vinaigre par du jus de citron

Mayonnaise mousseline

On prépare la mayonnaise allégée, puis on incorpore délicatement un blanc d'œuf monté en neige.

On peut l'utiliser, par exemple, avec des asperges, des artichauts, de la fondue bourguignonne, des poissons froids.

Sauce gribiche

Pour 4 personnes

- *1 œuf dur*
- *2 c. à café de moutarde*
- *1 c. à soupe de vinaigre*
- *1 c. à soupe de yaourt nature*
- *Persil*
- *Cornichons*
- *Sel et poivre*

Passer l'œuf dur à la moulinette. Ajouter la moutarde, le vinaigre, le yaourt nature battu, du sel, du poivre, du persil et des cornichons hachés.

On peut l'utiliser avec les poissons et crustacés.

Sauce à l'échalote

Pour 4 personnes

- *1 c. à soupe de vinaigre de vin ou de Xérès*
- *1 c. à soupe d'échalotes finement hachées*
- *Sel et poivre*

Mélanger le vinaigre avec les échalotes. Saler et poivrer.

On peut l'utiliser avec des huîtres ou des coquillages crus.

Coulis de tomate

Pour 4 personnes

› *1 oignon*

› *6 à 8 tomates (ou 300 ml de tomates concassées en boîte)*

› *Menthe fraîche*

› *Basilic*

› *Estragon*

› *Sel, poivre*

Dans une sauteuse antiadhésive, faire revenir à feu doux l'oignon émincé puis ajouter les tomates épluchées et épépinées. Saler et poivrer. Laisser refroidir et mixer. Parfumer avec de la menthe fraîche, du basilic et de l'estragon.

On peut l'utiliser pour accompagner des terrines de poissons ou de légumes.

On peut remplacer les tomates par des poivrons.

Les sauces chaudes

Sauce aux fines herbes

Pour 4 personnes

› *1 c. à café de fécule de maïs*

› *½ verre de court-bouillon de poisson ou de bouillon de viande dégraissé ou de bouillon de légumes froid*

› *200 g de fromage blanc*

› *Fines herbes*

› *Sel, poivre*

Délayer la fécule dans le bouillon froid. Faire épaissir dans une casserole sur le feu en remuant.

Hors du feu, incorporer le fromage blanc, les fines herbes, du sel et du poivre.

On peut l'utiliser pour accompagner les viandes ou les poissons

Sauce bordelaise

Pour 4 personnes

› *2 échalotes*

› *½ verre de vin rouge*

› *1 bouquet garni*

› *1 verre de bouillon de viande dégraissé*

› *1 c. à café de fécule de maïs (facultatif)*

› *10 g de beurre*

› *Sel, poivre*

Faire réduire d'un tiers à feu doux les échalotes hachées avec le vin. Ajouter le bouquet garni puis le bouillon. Laisser cuire 10 minutes à feu doux puis passer au tamis. Lier éventuellement la sauce en incorporant la fécule (délayée préalablement dans une cuillère à soupe d'eau froide). Saler et poivrer.

Au moment de servir, ajouter 10 g de beurre.

On peut l'utiliser avec des viandes grillées.

Sauce béarnaise

Pour 4 personnes

- *2 échalotes*
- *3 c. à soupe de vinaigre*
- *2 c. à soupe d'eau*
- *1 jaune d'œuf*
- *2 c. à soupe de crème fraîche épaisse allégée*
- *1 branche d'estragon*
- *Sel, poivre*

Faire cuire les échalotes émincées avec le vinaigre et l'eau, à couvert, pendant une dizaine de minutes. Découvrir et laisser réduire 5 minutes.

Hors du feu, ajouter le jaune d'œuf battu et la crème. Saler, poivrer. Ajouter l'estragon haché. Réchauffer au bain-marie (la sauce finit alors de s'épaissir).

On peut l'utiliser avec des viandes et des poissons.

Sauce hollandaise

Pour 4 personnes

- *1 jaune d'œuf*
- *1 c. à café de moutarde*
- *2 c. à soupe de jus de citron*
- *50 ml de lait chaud*

Dans une casserole au bain-marie, fouetter le jaune d'œuf avec la moutarde et le jus de citron. Laisser chauffer quelques minutes à feu doux (toujours au bain-marie) pour faire épaissir la sauce puis ajouter peu à peu le lait chaud en continuant de fouetter. Faire épaissir à nouveau au bain-marie. Maintenir la sauce au bain-marie jusqu'au moment de servir.

On peut l'utiliser pour des poissons et des légumes (asperges, haricots verts…).

Béchamel allégée

Pour 4 personnes

› *50 cl de lait demi-écrémé*

› *40 g de fécule de maïs*

› *Noix de muscade*

› *Sel, poivre*

Mélanger dans une casserole à froid le lait et la fécule. Laisser cuire quelques minutes pour épaissir. Ajouter selon vos goûts sel, poivre et noix de muscade.

COMMENT ÉVITER DE PESER – ÉQUIVALENCES DE POIDS

Même si la prescription d'un régime se fait avec une grande précision, il est naturel d'avoir des fluctuations de quelques pour cent dans le poids des aliments que nous consommons. Voilà pourquoi on peut, avec une précision modérée, éviter de peser ses aliments en utilisant quelques systèmes simples.

Viande et poisson

- Une portion « normale » équivaut à la taille de votre main sans les déchets.
- 1 bâtonnet de surimi = 20 g, soit environ 5 à 6 bâtonnets pour une 1 portion
- 10 unités de crevettes grises entières = 50 g
- 3 unités de crevettes roses entières = 50 g
- 1 tranche fine de saumon fumé = 20 g, soit 4 tranches de saumon fumé pour 1 portion

Charcuterie

- 1 tranche de bacon = 10 g
- 1 tranche de jambon = 25 à 50 g

- 1 tranche de jambon fumé = 30 g
- 1 tranche de viande des Grisons = 10 g
- 1 merguez = 50 g
- 1 saucisse « knack » = ¼ de saucisse type Montbéliard ou Morteau = 35 g

Féculents

- En moyenne, 100 g de pâtes cuites équivalent à environ 30 g de pâtes crues. Afin de trouver le poids cru des féculents, il vous suffit de diviser le poids cuit par 3.
- En moyenne 3 à 4 cuillerées à soupe pour 100 g d'aliment cuit.

Pain et autres produits céréaliers

- ⅛ de baguette = 30 g
- 1 petit pain hôtelier = 60 g
- 4 tranches de pain complet = 60 g
- 1 petite tranche de pain de campagne = 30 g ; 1 grande tranche = 50 g
- 1 tranche de pain complet = 15 g
- 1 grande tranche de pain de mie = 40 g ; 1 petite tranche = 20 g
- 1 pain au lait industriel = 35 g ; 1 pain au lait de boulangerie = 50 g
- 1 biscotte classique = 8 à 10 g ; 1 biscotte longue = 20 g

- 1 Cracotte® = 5 g
- 1 Wasa® (1 pain grillé suédois) = 15 g
- 4 à 5 cuillerées à soupe de céréales pétales/muesli = 30 g

Autres féculents

- 2 pommes de terre de la taille d'un œuf ou 1 grosse pomme de terre = 100 g
- 6 châtaignes grillées = 100 g
- Fécule de maïs (Maïzena®) : 1 cuillerée à café rase = 3 g, 1 cuillerée à soupe rase = 10 g
- Farine : 1 cuillerée à café rase = 5 g, 1 cuillerée à soupe rase = 15 g

Légumes

Il est inutile de les peser lorsqu'ils sont nature, non cuisinés. Prenez la moitié de votre assiette et sachez que vous pouvez augmenter cette quantité si vous avez encore faim.

- ½ assiette de légumes cuits = 200 g
- 1 galet de purée de légumes surgelé = 30 g
- 1 assiette creuse ou 1 bol de soupe = 300 ml

Fruits et oléagineux

- 12 à 15 fraises = 200 g

- 15 grains de raisin = 125 g
- ¼ de melon = 250 g
- 1 pot individuel de compote = 100 g = 4 cuillerées à soupe
- 4 tranches d'ananas au sirop = 160 g
- 1 cuillerée à café de raisins secs = 8 g, 1 cuillerée à soupe = 30 g
- 3 pruneaux = 30 g
- 3 abricots secs = 30 g
- 2 figues sèches = 30 g
- 3 dattes sèches = 30 g
- 3 cerneaux de noix = 15 g
- 4 noisettes = 13 g
- 1 cuillerée à café de poudre d'amandes = 6 g, 1 cuillerée à soupe = 15 g

Produits laitiers

- 1 pot individuel de fromage blanc ou de faisselle = 100 g = 4 cuillerées à soupe
- 1 pot individuel de yaourt = 125 g
- 1 verre de lait = 200 ml
- 1 bol de lait = 300 ml
- 1 cuillerée à soupe de lait en poudre = 10 g

Fromage

- ⅛ de camembert = 30 g
- ½ crottin de chèvre = 25 g
- 1 cuillerée à soupe de gruyère râpé = 12 g
- 1 tranchette de fromage à raclette = 25 g
- 1 toastinette = 20 g

Matières grasses

- 1 noisette de beurre ou de margarine = 5 g
- 1 noix de beurre ou de margarine = 1 cuillerée à café = 1 petite portion hôtelière = 10 g
- 1 cuillerée à café de crème fraîche épaisse = 20 g, 1 cuillerée à soupe = 40 g
- 1 cuillerée à café d'huile = 5 g, 1 cuillerée à soupe = 10 g

Sauces et aromates

- 1 cuillerée à café de sel = 5 g, 1 cuillerée à soupe = 15 g
- 1 cuillerée à soupe de ketchup = 15 g
- 1 cuillerée à café de moutarde = 5 g
- 1 cuillerée à soupe de mayonnaise = 15 g
- 1 cuillerée à soupe de vinaigrette du commerce = 15 g

Sucre et dérivés

- 1 morceau de sucre n° 4 = 5 g
- 1 cuillerée à café de sucre en poudre = 5 g,

1 cuillerée à soupe = 10 g
- 1 cuillerée à café de sucre glace = 3 g,

1 cuillerée à soupe = 10 g
- 1 cuillerée à café de cacao = 5 g,

1 cuillerée à soupe = 10 g
- 1 cuillerée à café de confiture = 10 g,

1 cuillerée à soupe = 1 portion hôtelière = 10 g
- 1 cuillerée à café de miel = 8 g, 1 cuillerée à miel = 25 g
- 1 cuillerée à café de Nutella® = 15 g,

1 cuillerée à soupe = 30 g

Biscuits, pâtisseries, confiseries

- 1 tartelette individuelle aux fruits = 110 g
- 2 madeleines = 50 g
- 2 tranches de cake = 50 g
- 1 biscuit = 5 à 10 g, type :

Petit-beurre	Spéculoos
Mini-palmier	Cigarette russe
Pepito®	Galette St Michel®
Boudoir	

- 1 biscuit = 20 g, type :

Cookie	BN®
Tartelette fourrée	Palet breton

- 5 Smarties® = 5 g
- 3 bonbons = 20 g
- 1 barre de Toblerone® = 50 g
- 2 carrés de chocolat nature = 10 à 15 g
- 1 cuillerée à soupe de chantilly = 10 g

Produits transformés

- 6 nuggets de volaille = 150 g
- ¼ de quiche lorraine = 100 g
- ⅛ de pizza = 80 g
- 1 cuillerée à soupe bombée de tarama = 20 g
- 2 petites crêpes fourrées salées = 100 g
- 4 bâtonnets de poisson pané = 120 g

ÉQUIVALENCES PLAISIR

Restauration rapide

- **⅓ de pizza à pâte fine (130 g)** = 1 portion de viande, poisson ou œufs + 100 g de féculents (poids cuit) + 5 g de MG
- **1 part de quiche (140 g)** = ½ portion de viande, poisson ou œufs + 100 g de féculents (poids cuit) + 2 laitages nature à 0 % + 10 g de MG
- **1 croissant au jambon** = ½ portion de viande, poisson ou œufs + 100 g de féculents (poids cuit) + 1 laitage nature à 0 % + 10 g de MG
- **1 croque-monsieur (130 g)** = 1 portion de viande, poisson ou œufs + 100 g de féculents (poids cuit) + 1 laitage nature à 0 % + 10 g de MG
- **1 galette de blé noir jambon-fromage** = ½ portion de viande, poisson ou œufs + 20 g de pain + 1 laitage nature à 0 % + 5 g de MG
- **1 sandwich jambon-beurre (¼ de baguette)** = 1 portion de viande, poisson ou œufs + 100 g de féculents (poids cuit) + 10 g de MG
- **1 friand à la viande (100 g)** = 1 portion de viande, poisson ou œufs + 30 g de pain + 10 g de MG
- **1 friand au fromage (100 g)** = ½ portion de viande, poisson ou œufs + 100 g de féculents (poids cuit) + 2 laitages nature à 0 % + 10 g de MG

Charcuteries

- **20 g de pâté de foie ou de campagne, 20 g de rillettes, 20 g de saucisson sec, 20 g de chorizo** = 10 g de MG
- **50 g de lardons** = ½ portion de viande, poisson ou œufs + 5 g de MG
- **½ andouillette (75 g)** = 1 portion de viande, poisson ou œufs + 5 g de MG
- **6 tranches d'andouille (6 × 60 g)** = 1 portion de viande, poisson ou œufs
- **90 g de boudin noir** = 1 portion de viande, poisson ou œufs + 10 g de MG
- **100 g de boudin blanc** = 1 portion de viande, poisson ou œufs + 10 g de MG
- **5 tranches de cervelas (5 × 50 g)** = 1 portion de viande, poisson ou œufs
- **70 g de chair à saucisse** = 1 portion de viande, poisson ou œufs + 10 g de MG
- **2 knacks pur porc ou saucisses de Strasbourg (70 g)** = 1 portion de viande, poisson ou œufs + 5 g de MG
- **1 merguez (70 g)** = 1 portion de viande, poisson ou œufs + 5 g de MG
- **1 chipolata (100 g)** = 1 portion de viande, poisson ou œufs + 10 g de MG
- **1 tranche de foie gras (45 g)** = 1 portion de viande, poisson ou œufs + 10 g de MG

Aliments panés

- **1 tranche de poisson pané (70 % de poisson : colin, cabillaud) (50 g)** = 1 portion de viande, poisson ou œufs
- **1 cordon bleu (dinde ou filet de dindonneau) (100 g)** = 1 portion de viande, poisson ou œufs + 5 g de MG
- **5 nuggets de dinde ou de poulet (100 g)** = 1 portion de viande, poisson ou œufs + 10 g de MG

Sauces en pot

- **1 cuillerée à soupe de béarnaise (15 g)** = 10 g de MG
- **1 cuillerée à soupe bombée de sauce tartare ou au poivre (20 g)** = 10 g de MG
- **1 cuillerée à soupe d'aïoli (15 g)** = 15 g de MG
- **1 cuillerée à soupe de mayonnaise (15 g) ou 2 cuillerées à soupe de mayonnaise allégée (30 g)** = 15 g de MG
- **30 g de houmous** = 20 g de pain + 5 g de MG

Snacks d'apéritif

- **20 g d'olives noires ou 25 g d'olives vertes** = 10 g de MG
- **45 g de bretzels** = 30 g de pain
- **15 g de chips** = 10 g de MG
- **30 g de chips** = 30 g de pain + 10 g de MG
- **20 g de tortillas (chips de maïs)** = 10 g de MG

- **15 g de cacahuètes ou de pistaches grillées salées** = 10 g de MG
- **6 mini-feuilletés apéritif standard surgelés (80 g)** = 100 g de féculents (poids cuit) + 15 g de MG
- **1 mini-blini (11 g)** = 15 g de pain
- **7 saucisses cocktail (7 × 20 g)** = 1 portion de viande, poisson ou œufs

Tartinables

- **30 g de crème de marrons** = 1 fruit
- **15 g de beurre de cacahuète** = 10 g de beurre
- **1 cuillerée à soupe de miel (25 g)** = 1 fruit
- **1 cuillerée à soupe bombée de confiture (35 g)** = 1 fruit
- **1 cuillerée à café de pâte à tartiner (15 g)** = 1 fruit ou 10 g de beurre
- **2 cuillerées à café de pâte à tartiner (30 g)** = 1 fruit + 10 g de beurre
- **35 g de lait entier concentré sucré** = 1 fruit + 1 laitage nature à 0 %

Biscuits/gâteaux

- **3 biscuits non fourrés spécial petit déjeuner (37,5 g)** = 30 g de pain + 10 g de beurre
- **4 biscuits à la cuiller (4 × 5,2 g)** = 30 g de pain
- **3 boudoirs (3 × 5,8 g)** = 30 g de pain

- **2 petits-beurre classiques (2 × 8,3 g)** = 30 g de pain
- **3 barquettes aux fruits (3 × 6,6 g)** = 30 g de pain
- **2 sablés bretons au beurre (2 × 6 g)** = 30 g de pain
- **1 biscuit avec tablette de chocolat (12,5 g)** = 30 g de pain
- **1 biscuit fourré au chocolat (20 g)** = 30 g de pain + 5 g de beurre
- **1 cookie (20 g)** = 1 fruit
- **50 g de pain d'épices** = 30 g de pain + 1 fruit
- **40 g de quatre-quarts** = 30 g de pain + 10 g de beurre + ½ fruit
- **40 g de brownie** = 30 g de pain + 10 g de beurre + ½ fruit
- **1 tranche de gâteau marbré (35 g)** = 30 g de pain + 10 g de beurre
- **1 crêpe nature** = 30 g de pain
- **1 gaufre au sucre (85 g)** = 100 g de féculents (poids cuit) + 20 g de pain + 10 g de beurre + 1 fruit
- **1 meringue (60 g)** = ½ portion de viande, poisson ou œuf + 2 fruits

Chocolat et confiseries

- **1 sucette aux fruits (10 g)** = ½ fruit
- **20 g de fruits confits** = 1 fruit
- **15 g de nougat ou de touron** = 1 fruit

- **25 g de bonbons gélifiés** = 1 fruit
- **25 g de pâte de fruits** = 1 fruit
- **20 g de bonbons au caramel** = 1 fruit
- **20 g de guimauve** = 1 fruit
- **2 cuillerées à soupe de cacao maigre non sucré en poudre (20 g)** = 1 fruit
- **2 carrés de chocolat noir, blanc ou lait, à croquer non fourré (15 g)** = 1 fruit
- **1 rocher au chocolat fourré (30 g)** = 1 fruit + 10 g de beurre
- **½ cornet de pop-corn sucré (50 g)** = 100 g de féculents (poids cuit) + 1 fruit

Barres chocolatées

- **1 Bounty® (28,5 g)** = 1 fruit + 5 g de beurre
- **1 Kinder® chocolat (12,5 g)** = 1 fruit
- **1 Kinder Bueno® (21,5 g)** = 1 fruit + 5 g de beurre
- **1 Lion® (24 g)** = 1 fruit + 5 g de beurre
- **1 mini-Mars® (19,7 g)** = 1 fruit

Viennoiseries

- **50 g de brioche** = 100 g de féculents (poids cuit) + 10 g de beurre
- **50 g de baguette viennoise** = 100 g de féculents (poids cuit) + 10 g de beurre

- **1 croissant de boulangerie (50 g)** = 100 g de féculents (poids cuit) + 15 g de pain + 10 g de beurre
- **1 pain au chocolat de boulangerie (70 g)** = 100 g de féculents (poids cuit) + 15 g de pain + 10 g de beurre + 1 fruit
- **1 pain aux raisins de boulangerie (85 g)** = 100 g de féculents (poids cuit) + 15 g de pain + 10 g de beurre + 1 fruit
- **1 chausson aux pommes (110 g)** = 100 g de féculents (poids cuit) + 30 g de pain + 10 g de beurre + 1 fruit
- **1 pain au lait de boulangerie (60 g)** = 100 g de féculents (poids cuit) + 20 g de pain + 10 g de beurre
- **2 chouquettes (2 × 15 g)** = 1 fruit
- **6 chouquettes (6 × 15 g)** = 100 g de féculents (poids cuit) + 10 g de beurre + 1 fruit

Pâtisseries

- **1 part de tarte aux fruits (1/6) ou 1 tartelette aux fruits (110 g)** = 100 g de féculents (poids cuit) + 20 g de pain + 10 g de beurre + 1 fruit
- **1 part de flan pâtissier (170 g)** = 100 g de féculents (poids cuit) + 10 g de beurre + 1 fruit + 1 laitage nature à 0 %
- **1 éclair (100 g)** = 100 g de féculents (poids cuit) + 20 g de pain + 10 g de beurre + 1 fruit
- **1 profiterole (50 g)** = 20 g de pain + 1 fruit

- **2 mignardises (2 × 16 g)** = 30 g de pain + 5 g de beurre

Desserts glacés

- **2 boules de sorbet aux fruits (125 ml ou 100 g)** = 1 fruit
- **2 boules de crème glacée (125 ml ou 100 g)** = 1 fruit + 10 g de beurre
- **1 esquimau simple** = 1 fruit + 1 laitage nature à 0 %
- **1 Mystère®** = 1 fruit + 1 laitage nature à 0 % + 10 g de beurre
- **1 cône** = 1 fruit + 1 laitage nature à 0 % + 10 g de beurre
- **2 cuillerées à soupe de chantilly sucrée (10 g)** = 5 g de beurre

Entremets

- **1 crème dessert (125 g)** = 1 fruit + 1 laitage nature à 0 % + 5 g de beurre
- **1 flan caramel (100 g)** = 1 fruit + ½ laitage nature à 0 %
- **1 riz au lait (125 g)** = 1 fruit + 1 laitage nature à 0 %
- **1 Liégeois® (115 g)** = 1 fruit + 1 laitage nature à 0 %

Alcools

- **1 bolée de cidre brut (25 cl)**

= 1 flûte de champagne brut (10 cl)
= 1 dose de liqueur anisée (3 cl)
= 1 verre de vin rouge (12 cl)
= 1 fruit

- **1 demi de bière blonde de brasserie (25 cl)**

= 1 verre de porto ou autres vins cuits (7 cl)
= 1 ti' punch (8 cl)
= 1 verre de vodka (6 cl)
= 1 verre de whisky (6 cl)
= 1 fruit + 30 g de pain

CONCLUSION

Voilà plus de trois ans que j'anime régulièrement des « live » sur les réseaux sociaux, que ce soit sur YouTube, Instagram ou Facebook car je suis persuadé que les informations, la correction des *fake news* et l'énergie que l'on peut communiquer à toutes celles et tous ceux qui sont désireux de mieux manger ou de maigrir sont des facteurs importants de la réussite. Je le fais gracieusement, avec beaucoup de plaisir, car tous les commentaires positifs que je reçois sont la récompense de la passion que je mets dans mon métier.

Ce n'est absolument pas une fatalité de regrossir après un régime, à condition d'expliquer qu'une fois l'objectif atteint, il est nécessaire de poursuivre un rééquilibrage alimentaire qui n'a rien à voir avec un régime, mais qui demande un peu de surveillance.

Beaucoup se sont évertués à faire croire le contraire pour masquer leur incapacité à comprendre les mécanismes du surpoids et les conditions de réussite d'une perte de poids. La plupart du temps, ceux-là n'ont jamais eu de problème de poids, n'ont jamais eu besoin de contrôler leur alimentation et n'ont probablement jamais fait le moindre régime de leur vie.

Comme vous l'avez compris au travers de cet ouvrage, il n'y a pas *un* régime, il n'y a pas non plus de régime miracle, il y a une galaxie de régimes qui doivent être réadaptés au fur et à mesure de l'évolution de la perte de poids. À ma consultation, je compare souvent un régime à une robe de mariée qui s'ajuste au fur et à mesure du temps qui passe. On doit tenir compte des facteurs psychologiques, des événements de la vie courante, de la capacité du corps à freiner ou accélérer un amaigrissement, des conditions économiques de chacun... En bref, suivre au fur et à mesure l'évolution du corps et de l'esprit de chacun pour choisir à chaque période le régime qui convient. Vous disposez maintenant des outils nécessaires avec cet ouvrage.

En créant le site Internet « Savoir Maigrir », qui a réuni plus d'un million de personnes depuis son existence, j'ai toujours tenu à respecter les trois piliers de ma stratégie.

- Évidemment, faire maigrir les gens, mais à un rythme harmonieux pour ne pas ressentir de frustration.
- Toujours conserver le plaisir de manger, qui fait partie de l'ensemble des plaisirs de la vie.
- Protéger, par une alimentation la plus variée et diversifiée possible, la santé des gens.

Ma plus grande satisfaction, c'est de voir aujourd'hui, des années plus tard, tous ces patients qui reviennent me consulter parfois eux-mêmes pour une légère perte de poids, d'autres fois pour m'amener une personne de leur famille, me disant que la stratégie de régime que je leur ai fait suivre a été la seule qui leur a permis de conserver leur perte de poids, dans des conditions agréables de surcroît.

Vous allez réussir car vous ferez ce régime avec indulgence, en savourant une nouvelle façon de manger, et en sachant que vous faites du bien à votre santé. Ce sont simplement des petits ajustements à mettre en œuvre.

Les régimes ont pour avantage d'apporter une nourriture d'une telle qualité qu'ils améliorent considérablement votre état de santé et qu'ils vous permettent de penser à votre bien-être.

Il n'y a pas de petite ou de grande perte de poids. L'essentiel, c'est de conserver l'estime de soi-même et de mener la vie que l'on a envie de vivre. Il n'y a pas non plus de cadence à privilégier car le principal est d'arriver à votre objectif sans souffrir, et c'était tout l'objet de cet ouvrage. Manger mieux sans forcément manger moins, protéger sa santé et conserver la convivialité.

Quand vous aurez compris les mécanismes de la prise de poids, les pièges qui surviennent régulièrement dans un régime, la façon de cuisiner, la nécessité d'avoir suffisamment à manger, alors vous aurez vous-même la possibilité de devenir votre propre nutritionniste et vous conserverez le dynamisme et l'optimisme qui vous permettent de réussir.

Il n'est pas question de faire plus ou beaucoup, mais de faire mieux. Vous allez réussir, j'en suis certain. Parce que vous allez mettre à la poubelle toutes les fausses rumeurs, toute la culpabilité, toutes les promesses miracles qui n'ont servi à rien. Pensez juste à vous, faites ce qui vous semble approprié et dites-vous bien que maigrir est une façon de vous faire plaisir, et c'est la seule chose qui compte.

REMERCIEMENTS

À tous les journalistes amis (que je ne cite pas par discrétion) pour leur confiance et leur soutien depuis 20 ans déjà.

À mon attachée de presse Caroline, une belle personne et tellement dévouée.

À mon ami Vincent pour ces moments exquis quand on se voit pour échanger.

À Rose-Marie et son équipe pour un si bon travail.

INDEX THÉMATIQUE

INDEX DES RECETTES

Régime œuf

Sauces

Copyrights des illustrations